Roland Kachler

Wege aus der Wüste

Mit Elia Krisen durchleben

 Quell

ISBN 3-7918-1919-4

© Quell Verlag, Stuttgart 1993
Printed in Germany. Alle Rechte vorbehalten
1. Auflage 1993
Umschlaggestaltung und Foto: Klaus Dempel, Stuttgart
Gesamtherstellung: Maisch & Queck, Gerlingen

Inhalt

Elias Weg durch die Krise

Krisen sind Teil unseres Lebens. Jeden können sie treffen. Auch Menschen wie der große Prophet Elia, die ihrer Sache ganz sicher sind und deren Leben so geradlinig verläuft, sind vor Erschütterungen, Niederlagen und tiefen Verunsicherungen nicht gefeit.

So kämpft und eifert Elia zunächst mit großem Erfolg für seinen Gott. Doch seine Widersacherin und Anhängerin der Baalsreligion, die Königin Isebel, schlägt zurück. Elia droht das Scheitern. Abgrundtiefe Angst erfaßt ihn. Er flieht in die Wüste und sehnt sich danach, sterben zu dürfen. Auf den Tod wartend, schläft er unter einem Wacholderbusch ein. Doch ein Engel, der Bote des Lebens, weckt ihn und drängt ihn zum Weitergehen. Brot und Wasser stärken Elia für seinen langen und beschwerlichen Weg durch vierzig Tage und Nächte, durch Höhen und Tiefen. Am Ende seiner Reise gelangt er an eine Berghöhle, in der er eine Nacht bleibt. Anderntags wird er auf den Berg gerufen, auf dem Gott ihm in einer unerhört neuen Weise begegnet.

So verändert, kehrt Elia wieder in die Stadt Damaskus zurück. Dort übergibt er seine bisherige Lebensaufgabe, sein ihm bisher so wichtiges Prophetenamt, an einen Jüngeren (1. Buch der Könige, Kapitel 19).

Das ist die Erfahrung vieler Menschen: Etwas kommt in die Quere, etwas durchkreuzt den normalen Lebensvollzug, etwas wirft aus der Bahn: ein Versagen oder eine Überforderung, eine schwere Krankheit, ein schwerer Verlust wie bei einer Scheidung oder dem Tod eines nahen Menschen, der Übergang in einen anderen Lebensabschnitt. Dabei gerät das Alte, das Gewohnte, das Vertraute ins Wanken und trägt nicht mehr. Neues aber ist noch nicht in Sicht.

Was machen solche Erfahrungen mit Menschen? Wie gehen diese damit um? Was sind Lebenskrisen überhaupt? Welche Formen, Stufen und Bilder von Lebenskrisen gibt es? Was hilft in Zeiten der Krisen?

Sicherlich finden Menschen ganz unterschiedliche Antworten auf diese Fragen, sicherlich bewältigen sie Krisen auf sehr verschiedene Weise; und doch gibt es grundlegende Verläufe und Formen von Lebenskrisen.

Die Geschichte Elias ist Urbild einer Lebenskrise. In sehr alten Bildern aus der Tiefenschicht der Seele beschreibt diese Erzählung deren einzelne Stufen: Ausbruch der Krise im Scheitern – Fluchtversuch in großer Angst – Wüste der Leere und Resignation – Todeswunsch und Schlaf – Wanderung durch Tag und Nacht – Aufenthalt in der Höhle – Aufstieg auf den Berg – Neue Gotteserfahrung – Rückkehr in die Stadt.

Dieser Weg mit den hier kurz genannten Stationen spiegelt uns die innere Reise eines Menschen durch seine Lebenskrise wider. Wüste – Höhle – Berg – Stadt sind dabei mehr als nur Ortsangaben, vielmehr stehen sie als Symbole für die Phasen einer Lebenskrise. In diesen mit Bildern beschriebenen Stationen verdichten sich weit zurückreichende Menschheitserfahrungen, die immer wieder im Durchleben einer Krise gemacht werden. Elia ist dabei mehr als eine bestimmte Person der Geschichte. Er ist eine Symbolfigur, in dem sich auch der moderne Mensch mit seinen heutigen Krisenerfahrungen entdecken kann.

Daher ist es kaum verwunderlich, wenn in Träumen von Menschen in Lebenskrisen dieselben Bilder aus der Eliaerzählung wieder emporsteigen. Auch heute noch sind Orte wie Wüste, Berg oder Höhle Traumbilder, in denen Menschen ihre Krisenerfahrung erleben und ausdrücken.

In der helfenden Begleitung von Menschen in Krisen habe ich zudem immer wieder gesehen, daß das Erleben und das gelingende Bewältigen eines schwierigen und kritischen Lebensabschnittes sehr genau dem Weg Elias entsprechen. Hier werden in der alten Menschheitssprache der Symbole Strukturen und Entwicklungen von Lebenskrisen beschrieben, wie sie von Psychologie und Psychotherapie wieder entdeckt werden. Umgekehrt sind die Psychologie, insbesondere die Tiefenpsychologie C. G. Jungs, ebenso wie die Träume und Krisenerfahrungen von Klienten aus meiner beraterischen und therapeutischen Arbeit wichtige Verstehenshilfen, um die Erzählung von Elias Lebenskrise für uns heute zum Sprechen zu bringen.

Noch mehr: Die Erzählung von dem in große Bedrängnis geratenen Propheten Elia bringt Helfendes und Heilendes zum Vorschein. Die Geschichte Elias hat selber heilende Kräfte, die in den Bildern vom Wacholderbusch, vom Engel, von Brot und Wasser zum Ausdruck kommen. Wer den Weg Elias innerlich mitgegangen und mitvollzogen hat, dem eröffnet sich ein Verständnis der eigenen bisherigen Lebenskrisen, der kann aber auch in zukünftigen kritischen Lebenssituationen gelassener und ruhiger bleiben, weil er weiß, was ihn auf dem Weg durch eine Lebenskrise erwartet.

Elias Geschichte wäre recht verstanden, wenn sie das Vertrauen schenkt, daß das Durchleben einer Krise nicht nur schmerzlich und sinnlos bleiben muß. Vielmehr zeigt Elias Geschichte Wege durch die Krise, an deren Ende eine ganz neue, zur Reifung verhelfende Erfahrung steht.

Der Weg durch die Krise selbst kann mit Hilfe der Geschichte Elias zu einer Erfahrung werden, die das Leben vertieft und reich macht. Krisen könnten so zu nötigen und lebensnotwendigen Anstößen werden, das Leben immer wieder neu und in einer reiferen Weise wahrzunehmen.

Für Elia liegt der Sinn seiner Lebenskrise in einer neuen Gottesbegegnung, die ihm ein gänzlich verändertes Leben schenkt. Seine Lebenskrise war nicht umsonst – sie hatte einen Sinn.

Uns könnte Elias Geschichte dabei begleiten, den oft verborgenen, im Dunkeln liegenden Sinn unserer Lebenskrisen zu entdecken. Elias Geschichte könnte uns helfen, dem in Lebenskrisen verborgenen Gott neu zu begegnen.

Bilder, Formen und Stufen von Lebenskrisen

Was ist es nun, das die Erfahrung Elias als Lebenskrise kennzeichnet? Was verstehen Psychologie und Psychotherapie heute unter einer Lebenskrise? Welche Formen von Krisen unterscheidet man? Welche Stufen durchlebt Elia bei der Bewältigung seiner Krise?

Was ist eine Lebenskrise?

Zunächst wird eine Lebenskrise ganz allgemein als eine Lebenssituation verstanden, in der der Betroffene mit seinen bisherigen Lebenseinstellungen, Lebensmethoden und Lebenszielen nicht mehr zurechtkommt. Der Betroffene erfährt in einer belastenden und schwierigen Situation die Grenzen seiner Fähigkeiten und Kräfte. Sein Leben läßt sich offenbar nicht mehr in der gewohnten Weise meistern.

Elias Glaube, daß sich der Gott Israels gegenüber den Baalskulten durchsetzen werde, wird durch seine Gegnerin, die dem Baalskult anhängende Königin Isebel, erschüttert. Durch ihre Todesdrohung gegen Elia gerät das, was für Elia der feste Grund seines bisherigen Lebens war, ins Wanken. Mit einer Gegenwehr seiner Gegenspielerin hatte er nicht gerechnet, so daß er von dieser neuen Bedrohung überrascht und überfordert zugleich war.

Eine schwierige Lebenssituation wird dann zur Krise, wenn das bisherige Selbst- und Weltverständnis bedroht oder unsicher wird. Angesichts einer ausweglosen Lage versteht der Betroffene sich und die Welt nicht mehr. Gegenüber der bedrohlichen Situation fühlt er sich hilflos und ausgeliefert wie ein kleines Kind. So, wie er bisher sein Leben bewältigt hat, geht es nicht weiter.

Das bisher kinderlose Ehepaar gerät durch die Geburt des ersten Kindes in eine Partnerschaftskrise, weil dieses Kind neue, völlig ungewohnte Anforderungen stellt und das bisherige Gleichgewicht im Paar verändert. Das Ehepaar müßte sein Zusammenleben in einer neuen Weise klären und regeln, fühlt sich dabei aber überfordert.

Eine Frau, die sich in der Familienphase vorwiegend als Mutter und Hausfrau versteht und definiert, gerät in eine Krise, als ihre drei Kinder aus dem Haus gehen und ihr Mann sich gänzlich auf den Beruf konzentriert. Ihr Selbstverständnis als Mutter bricht zusammen, weil sie mit den Kindern zugleich ihren zentralen Lebensinhalt verliert. Ihr bisheriges Lebensziel, für ihre Familie gute Mutter zu sein, hat sich erfüllt. Ihre Lebenseinstellung, für andere da zu sein, wird nun hinfällig; in ihrem bisherigen Selbstverständnis hatte sie es versäumt, sich selbst wichtig zu nehmen und eigene Lebensinhalte zu entwickeln. Angst vor der Leere ist das erste Anzeichen einer schweren Lebenskrise. Ihre bisherige Lebensmethode, für andere zu sorgen und anderen hilfreich zur Seite zu stehen, kann sie nicht für sich selbst fruchtbar machen. Sie fühlt sich nicht wichtig genug und hat es zudem nicht gelernt, mit sich selbst fürsorglich und liebevoll umzugehen.

Eine derartige Ausgangssituation wird so zu einer Bedrohung und Gefahr für die Fähigkeit des Ichs, das eigene Leben und sich selbst in der bisher gewohnten Weise zu verstehen und in die Hand zu nehmen. Es entsteht nun ein Ungleichgewicht zwischen der zu bewältigenden Situation und den verfügbaren Möglichkeiten, die Situation zu verarbeiten und zu lösen.

Elia sieht seine Möglichkeiten angesichts der Todesdrohung durch die mächtige Königin an ein Ende gekommen. Sein bisheriges Vorgehen, seinen Glauben durchzusetzen, scheint nicht mehr zu greifen. Damit sieht er sich selbst und sein Werk in Frage gestellt.

Eine Lebenskrise entsteht aber nur dann, wenn eine schwierige Lebenssituation oder ein kritisches Lebensereignis die Fähigkeiten des Betroffenen vermeintlich oder tatsächlich übersteigt.

Die Geburt eines Kindes zum Beispiel wird von den meisten Frauen mit mehr oder weniger großen Schwierigkeiten bewältigt. Manche Frauen aber fühlen sich von der neuen Situation überfordert und geraten in eine schwere, meist depressiv getönte Lebenskrise.

Eine Lebenskrise ist dadurch gekennzeichnet, daß in ihr das bisher gewohnte und geordnete Leben eines Menschen ins Wanken gerät. Alte Gewohnheiten, alte Selbstverständlichkeiten und bisherige Sicherheiten zerbrechen unter dem Druck der Krisensituation. Zugleich sind für den Betroffenen neue Bewältigungsmethoden, neue Lebensziele und Lebensinhalte noch nicht sichtbar.

Insofern gleicht die Krise dem Geschehen bei der Geburt: Das Kind muß den bergenden Mutterschoß verlassen. Es ist eingezwängt in der Enge des dunklen und einengenden Geburtskanales. Ein Zurück gibt es nicht mehr, aber das Wohin dieses Weges liegt noch im Dunkeln.

Der Verlust des bisher Gewohnten, das Eingeengtsein in einem bedrückenden Engpaß, die Ausweglosigkeit und das fehlende Ziel sind kennzeichnend für die Krisenerfahrung eines Menschen.

Der Begriff »Krise«

Das Wort »Krise« kommt von dem griechischen Wort »krisis«, dessen Verb »krino« die Bedeutung von »scheiden, trennen, sondern« hat. Das Verb »krino« wiederum leitet sich von einer Wortwurzel her, die »schneiden, zerschneiden« bedeutet.

Die Krise ist also dem ursprünglichen Wortsinn nach eine Schnittstelle, an der das bisherige Leben eines Menschen aufbricht und zu zerbrechen droht. Wie ein Schnitt etwas in zwei Hälften teilt, so zerschneidet die Krise das Leben an der Stelle, an der offen ist, ob das Leben eines Menschen sich zum Guten oder Schlechten wendet.

Die Krise ist damit ein Scheidepunkt, an dem sich die weitere Entwicklung eines Menschen entscheidet. Dies ist vergleichbar mit einer Wasserscheide, an der sich entscheidet, ob das Wasser nach der einen oder anderen Seite hinfließt.

Für Elia stellt sich in seiner Krise die Entscheidung, wie sein Kampf für Jahwe als den alleinigen Gott weitergeht. Noch mehr: In seiner Krise als der Schnittstelle seines Lebens entscheidet sich, ob er weiterhin der Prophet Gottes bleiben kann, ob sich sein Glaube vom allmächtigen Gott angesichts der Bedrohung bewahrheiten wird. Elia muß sich entscheiden, ob er alles hinwerfen oder weitermachen will. Hätte es für ihn einen Sinn, so weiterzumachen wie bisher, oder muß er Abschied (vergleiche die dazugehörige Verbform ab-scheiden) von seinem Lebenswerk nehmen?

Elias Leben hat sich zu der Krise als einem Wendepunkt zugespitzt, an dem sich sein Leben zum Guten oder Schlechten neigen kann.

In diesem Sinn wird auch in der Medizin der Begriff Krise gebraucht: Er bezeichnet hier den Höhepunkt und den Wendepunkt zur Besserung oder Verschlechterung in einem Krankheitsverlauf. So nimmt bei einer Infektionskrankheit die Zahl der Erreger im Körper zunächst zu, bis der Körper seine Abwehrmaßnahmen einleitet. Der Krankheitsprozeß spitzt sich weiter zu, bis alle Abwehrkräfte bereitgestellt sind. Auf dem Höhepunkt der Erkrankung – also in der Krisis – entscheidet es sich, ob die Abwehrkräfte die eingedrungenen Erreger besiegen können oder ob letztere den Sieg davontragen.

Die Krise ist also durchaus auch ein Kampf zwischen zwei Kräften. Nicht zuletzt hat das Wort »Krisis« im Griechischen neben der Grundbedeutung von »Scheidung, Trennung« auch den Sinn von »Kampf, Streit«.

In Lebenskrisen »kämpfen« die alten, zur Beharrung neigenden Wünsche und Strebungen mit solchen, die auf eine Veränderung hinzielen.

Zu gerne hätte wohl auch Elia sein bisheriges Leben als der große kämpferische Prophet weitergeführt, doch die in der Krise vorwärtsdrängenden Kräfte zwingen ihn dazu, eine neue Lebensform ohne sein Prophetenamt anzunehmen. Zu gerne hätte er wohl sein altes Gottesbild vom allmächtigen Himmelsgott aufrechterhal-

15

ten, doch die Krise nötigt ihn, Gott auf eine ganz neue Weise wahrzunehmen.

Gerade in Krisen klammert sich der Betroffene an alte, bisher Sicherheit gebende Persönlichkeitsstrukturen, doch die Krise fordert zur Entwicklung neuer Persönlichkeitsanteile auf. Ein 45jähriger Klient versuchte sein Leben und seine Ehe mit Exaktheit und Perfektion zu formen und zu gestalten. Seine Frau aber erlebte dies als zwanghafte Einengung, so daß sie ihn nach vielen vergeblichen Versuchen, ihn zu mehr Toleranz zu bewegen, verließ. Diese Trennung stürzte den Mann in eine schwere Krise, in der er nun das – nämlich das Loslassen und Zulassen – lernen mußte, was vorher seine Frau ihm nahebringen wollte. Unter dem Druck des Verlassenwerdens und des Verlustes mußte er seine zwanghaften Persönlichkeitsanteile loslassen.

In der Entwicklung neuer persönlicher Fähigkeiten aber liegt die Chance jeder Lebenskrise. So steht in China dasselbe Schriftzeichen für unsere beiden Worte »Gefahr« und »Chance«. Die Krise ist eben beides: einerseits die Gefahr, eine schwierige Lebenssituation in einer krankmachenden Weise zu verarbeiten, andererseits die Chance eines Neubeginns und der persönlichen Reifung.

Reifung und psychische Entwicklung eines Menschen vollziehen sich meist nicht nur in einem stetigen Verlauf, sondern in Brüchen und Sprüngen. Zugespitzt könnte man sogar sagen, daß wirkliche Reifung einer Persönlichkeit nur in und durch Krisen hindurch geschieht.

Noch eine letzte Wortbedeutung von »krisis« sei erwähnt. Im Neuen Testament bezeichnet »krisis« das Jüngste Gericht und Endgericht. Tatsächlich berichten

Betroffene immer wieder, daß sie ihre Lebenskrise als persönliches Jüngstes Gericht erleben. Sie erleben in der Krise sozusagen die Hölle mit allen Höllenqualen jetzt schon. Das Bild vom Gericht ist für sie nicht eine jenseitig-zukünftige Vorstellung, sondern ein zutiefst zutreffendes Bild für die qualvollen Erfahrungen in der Krise.

Formen von Lebenskrisen

Betrachtet man Lebenskrisen vieler Menschen in ganz unterschiedlichen Lebenssituationen, so lassen diese sich entsprechend ihren Auslösebedingungen in verschiedene Formen einteilen.

Überforderungskrisen entstehen aufgrund äußerer und meist auch innerer Anforderungen, die die Fähigkeiten des Betroffenen bei weitem übersteigen.

Typische Situationen hierfür sind die Geburt eines Kindes, Prüfungen unterschiedlichster Art, der Berufsbeginn oder eine veränderte Position im Beruf, aber auch zunächst als positiv wahrgenommene Situationen wie die Heirat oder ein beruflicher Aufstieg.

Auch für Elias Krise ist letztlich die Überforderung durch seinen Auftrag und sein Prophetenamt verantwortlich. Zu lange hatte er bis zur Erschöpfung allein gegen alle für seinen Gott gekämpft. Die Todesdrohung bringt ihn und seine Person dann ins Straucheln; nun reichen seine Kräfte nicht mehr, noch einmal Gegenwehr zu leisten. Unter der Übermacht des Druckes bricht seine bisher so stabile Persönlichkeitsstruktur zusammen – er ist am Ende.

Verlustkrisen, auch traumatische Krisen genannt, werden durch plötzliche, unvorhergesehene und unkontrollierbare Verluste ausgelöst. Trauer, Schmerz und Hilflosigkeit begleiten den Abschied von dem Verlorenen. Trennung oder Tod einer wichtigen Bezugsperson, Scheidung, Verlust der Arbeit oder der Heimat, Verlust der Gesundheit oder bestimmter Gliedmaßen und Organe wie zum Beispiel der Gebärmutter oder der weiblichen Brust sind nur einige Auslöser, die die Betroffenen unvorbereitet vor völlig neue Lebenssituationen stellen.

Bei Elias Krise steht zwar nicht ein tatsächlicher Verlust am Beginn, doch auch der drohende Verlust seines Lebens und seines Werkes genügt als Auslöser für seine Krise.

Eine *Reifungs- und Entwicklungskrise* entsteht im Lebenslauf an den Übergängen zwischen den verschiedenen Lebensphasen. So geht in der Zeit der Pubertät die Phase der Kindheit mit der allmählichen Ablösung von den Eltern zu Ende. Die nun anstehende Lebensaufgabe, eine eigenständige Identität zu finden, verunsichert die Jugendlichen häufig sehr stark. Weitere bedeutende, oft zu Krisen führende Einschnitte sind die Lebensmitte oder der Eintritt in den Ruhestand.

Auch Elias Krise kann als Wende in der Lebensmitte verstanden werden. Die aktive, erfolgsorientierte und durch den Kampf nach außen gekennzeichnete Lebensphase im jüngeren und mittleren Lebensalter geht bei Elia zu Ende. Die Krise zeigt an, daß nun eine andere, mehr nach innen orientierte Lebensphase, die zweite Lebenshälfte beginnt. Die Krise der Lebensmitte ist hier die Aufforderung, das Tor zur zweiten Lebenshälfte zu durchschreiten.

Abschließend soll noch ein kurzer Blick auf *Glaubens-*

krisen geworfen werden. Hier scheitert der Glaube an der Zerrissenheit und Vielschichtigkeit der Welt. Der Glaube hilft dem Betroffenen nicht mehr, zum Beispiel das Leid in der Welt oder das eigene Leiden zu verstehen.

Zudem macht auch der Glaube und sein Gottesbild entsprechend der sonstigen psychischen Entwicklung und der Abfolge von Lebensphasen eine Entwicklung durch. So muß sich der Kinderglaube an einen magischen Wundergott in der Pubertät verändern und wandeln. Will der Jugendliche seinen Glauben bewahren, muß er ihn entsprechend seinen zunehmenden Erfahrungen und seinem Wissen weiten und in seine werdende Identität integrieren.

Darüber hinaus entstehen Glaubenskrisen besonders bei schweren Verlusten, die auch die religiösen Vorstellungen in Frage stellen. Jede schwere Krise bringt auch eine Glaubenskrise mit sich.

Auch Elias Erfahrung hat Aspekte der Glaubenskrise. Sein Mißerfolg gefährdet sein bisheriges Gottesbild. Daß gerade darin, wie in allen Lebens- und Glaubenskrisen, die Chance liegt, den Glauben und das Gottes- und Weltbild zu vertiefen, werden wir am Beispiel Elias sehen.

Stufen einer Lebenskrise

Betrachtet man den Verlauf der Geschichte Elias in seinem Scheitern (1. Buch der Könige, Kapitel 19, 1–18), so zeigen sich verschiedene Phasen einer Lebenskrise, wie sie immer wieder zu beobachten sind. Die von Elia durchschrittenen Orte und Räume kennzeichnen Abschnitte seines inneren Erlebens in der Krise. Es ist eine Reise durch die Landschaften der von der Krise erschütterten Seele.

Die Bilder der Krise beschreiben den Verlauf folgendermaßen: Ausbruch der Krise – Fluchtversuch – Wüste – Schlaf – Wanderung – Höhle – Berg – Stadt (vgl. Abb. 1).

Diese Bilder der Seele lassen sich wiederum zu größeren Abschnitten zusammenfassen (vgl. ebenfalls Abb. 1, unterste Zeile):

- Phase der Abwehr und des Widerstandes: Am Beginn einer bereits ausgebrochenen Lebenskrise werden noch einmal die bisher gewohnten Abwehrmechanismen und Widerstände in der Hoffnung aktiviert, die Krise doch noch abzuwenden.

- Phase der Verzweiflung: Beim Scheitern der Abwehrmaßnahmen schlägt der alle Kräfte kostende Kampf in große Verzweiflung um. Die bisher gewohnte Lebenswelt ist zerbrochen, neue Lebensziele und -inhalte sind noch nicht sichtbar. Es scheint keinen Ausweg mehr zu geben; alles ist hoffnungslos.

- Phase des Rückzuges: Nun beginnt der Weg nach innen im Rückzug von der äußeren Welt. Dieser Vorgang der Auseinandersetzung mit den inneren Hintergründen der Krise wird auch Regression genannt. Diese Reise ins Innere verändert den Betroffenen so weitgehend, daß dann auch eine äußere Krisenbewältigung möglich wird.

- Phase der Lösung und Bewältigung: Das Auftauchen aus der eigenen Krise signalisiert ihre Bewältigung. Dem Betroffenen wird bewußt, was er in der Krise erlebt hat. Er kann sich und seine Krise samt ihren Auslösern und Hintergründen allmählich verstehen

Abb. 1: Stufen einer Lebenskrise

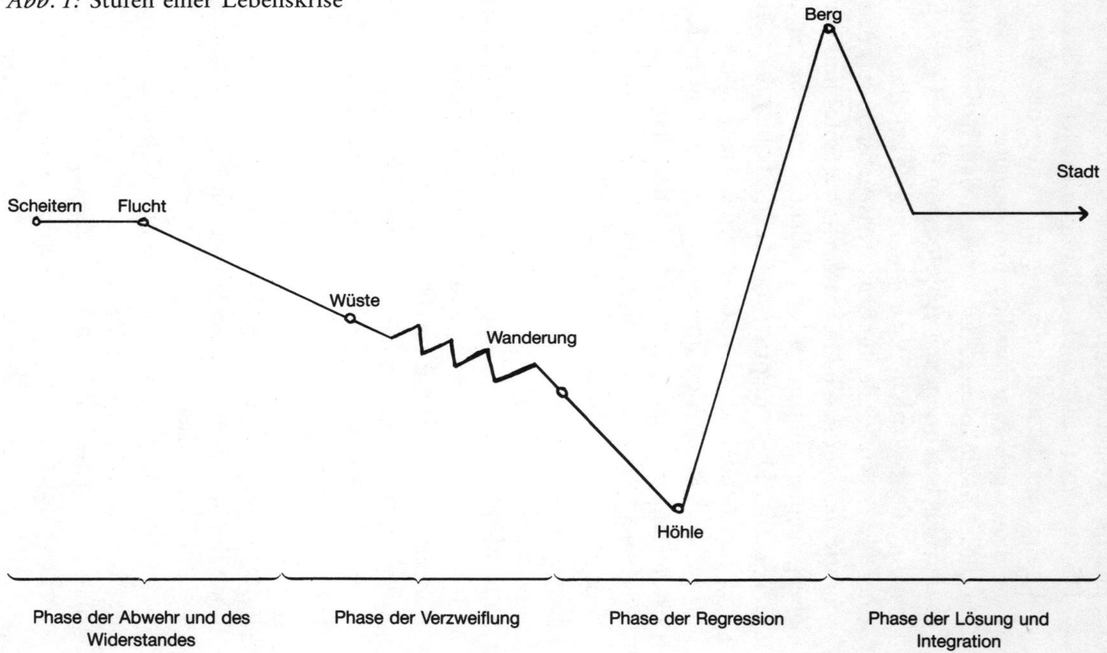

Stadt

Berg

Höhle

Wanderung

Wüste

Flucht

Scheitern

Phase der Lösung und Integration

Phase der Regression

Phase der Verzweiflung

Phase der Abwehr und des Widerstandes

und den Veränderungsimpuls der Krise annehmen. – Hier schließt sich bei einer gelingenden Krisenbewältigung eine Neuorientierung an, in der der Betroffene sein Leben neu ordnet und gestaltet.

An dieser Stelle muß gesagt werden, daß Krisen selten in der hier beschriebenen Abfolge von Phasen geradlinig durchlebt werden. Vielmehr sind Wiederholungen einer Phase, Rückfälle in vorige Krisenabschnitte, Ausschnitte des hier geschilderten Krisenverlaufes und vorübergehender oder dauernder Stillstand auf einer Stufe sehr häufig. Dies entspricht der Lebendigkeit der Seele und insbesondere des Unbewußten. Krisenerfahrungen dürfen nicht an diesem Idealbild einer gelingenden Krisenbewältigung gemessen werden. Jeder Betroffene hat Anspruch darauf, seine Krise auf seine ganz besondere Weise zu durchleben. Es gibt keine Norm, wie eine Krise »normalerweise« zu verlaufen hat oder zu bewältigen wäre.

Schließlich müssen wir auch zulassen, daß manche Menschen ihre Lebenskrise nicht als Entscheidungssituation ernstnehmen und im Durchleben lösen, sondern sie verleugnen und verdrängen. Dies endet sehr oft in langen chronischen körperlichen oder psychischen Erkrankungen. Nicht selten führen die zur Verdrängung gebrauchten Suchtmittel wie Medikamente oder Alkohol zur Suchterkrankung. Mancher kann zuletzt nur noch die Selbsttötung als einzig verbleibenden Ausweg aus der Krise sehen.

Wer freilich mit Elias Geschichte das Urbild gelingender Krisenerfahrung kennt, kann im Spiegel der Erfahrungen Elias die heilenden Kräfte der eigenen Seele entdecken und in sich fruchtbar werden lassen.

Ausbruch der Krise –
Begegnung mit dem Scheitern

*Ahab sagte Isebel alles, was Elia getan hatte und
wie er alle Propheten Baals mit dem Schwert umge-
bracht hatte. Da sandte Isebel einen Boten zu Elia
und ließ ihm sagen: Die Götter sollen mir dies und
das tun, wenn ich nicht morgen um diese Zeit dir
tue, wie du diesen getan hast!* 1. Könige 19, 1–2

Die Bedrohung eines Lebenszieles

Elias zentrales Lebensziel war der Kampf gegen die
Baalspropheten und der endgültige Sieg über die kanaanäische Baalsreligion, die sich in Israel ausgebreitet
hatte. Isebel, die Frau des Königs Ahab, hatte den Baalskult aus ihrer Heimat nach Israel gebracht und am Kö-
nigshof und in der Oberschicht Israels salonfähig gemacht. In der Hauptstadt des nördlichen Israel wurde
ein Baalstempel errichtet. Hier und an verschiedenen
Heiligtümern im Lande wurde Baal verehrt. Baal war
ein Wettergott, der über Wind, Wolken und Regen
herrschte. Damit war er zugleich ein Fruchtbarkeits-
gott, der zusammen mit der kanaanäischen Göttin
Astarte, seiner Gemahlin, der Natur die Kraft des Lebens spendete.
Der Baalskult drohte nun zur offiziellen Staatsreligion
zu werden und Jahwe, den Gott Israels zu verdrängen,

zumal wohl auch das Volk immer mehr von der Baals-
verehrung angezogen wurde. Darüber hinaus hatte Isebel viele Propheten Jahwes ausschalten und umbringen
lassen. Israels Glaube war in einer schweren Krise!

Dies ist der Zeitpunkt, an dem Elia in sein Prophetenamt gerufen wird. Er ist es, der sich des ersten Gebotes
»Du sollst keine anderen Götter neben mir haben« erinnert und sich für dieses Gebot verkämpft. Er war dabei
nicht vor brutaler Gewalt zurückgeschreckt und hatte
viele der gegnerischen Baalspropheten mit dem
Schwert getötet (vgl. 1. Könige 18 und oben Vers 1).
Elia scheint in diesem Kampf auf Leben und Tod die
Oberhand zu behalten. Alles scheint für ihn und sein
Ziel, Jahwe als einzigen Gott Israels wieder im Land
einzusetzen, nach Plan zu verlaufen.

Doch Isebel schlägt zurück. Sie fühlt sich in diesem Re-
ligionskrieg ihren Göttern verpflichtet und will ihrer-
seits Elia töten lassen. Elias Lebensziel ist daher trotz
mancher Erfolge, die er zunächst durchaus ereicht hatte
(vgl. 1. Könige 18), in Gefahr. Das, was für Elia so wichtig und von höchstem Wert war, das, wofür er gelebt
und gearbeitet hatte – genau das soll ihm aus den Händen geschlagen werden.

Dies wäre ein schlimmer Verlust – eben ein Todesurteil
– für einen Propheten, der nichts anderes hat als eben
dieses eine, ausschließliche Lebensziel.

So ist die Todesdrohung auch auf der symbolischen
Ebene zu verstehen: Die Infragestellung eines zentralen
Lebenszieles erlebt der Betroffene als Gefährdung sei-
ner ganzen bisherigen Existenz – genau das ist aber das
Kennzeichen einer schweren Lebenskrise! Der Aus-
bruch von Lebenskrisen geht fast immer einher mit der
Bedrohung und dem drohenden Verlust von Lebenszie-

len bzw. mit dem tatsächlichen Verlust von Lebenszielen und Lebensinhalten.

Besonders in der vielgenannten Krise der Lebensmitte ist die Erfahrung der eigenen Grenzen und des Nichterreichens mancher Lebensziele ein zentraler Auslöser. Wir wollen an dieser Stelle einen kurzen Blick auf die Krise der Lebenssmitte werfen, ist sie doch in ihrer Grundstruktur auch exemplarisch für Krisen an Übergängen zwischen verschiedenen Lebensphasen.

Die Krise der Lebensmitte läßt sich weniger zeitlich als inhaltlich festlegen: Sie beginnt meist dann, wenn ein Mensch subjektiv die Mitte seines Lebens als einen Wendepunkt erlebt, an dem das Älterwerden den eigenen Tod ins Bewußtsein rückt. Von daher ist der Zeitpunkt dieser Krise individuell sehr unterschiedlich, zumal das bewußte Erleben des Alterns in unserer Gesellschaft mit ihrem Ideal der Jugendlichkeit immer weiter nach hinten verschoben wird. Manchen Menschen gelingt es auch, das eigene Altern weitgehend zu leugnen oder zu bagatellisieren, so daß sie keine deutliche Krise um diesen Wendepunkt erleben.

Die Krise der Lebensmitte ist von daher ein zeitlich meist irgendwo jenseits von 45 liegender Einschnitt, in dem die Betroffenen im eigenen Alterungsprozeß die eigene Endlichkeit und Begrenztheit wahrnehmen müssen. Insofern ist die Krise der Lebensmitte letztlich eine Auseinandersetzung mit dem eigenen Tod und damit mit dem Sinn des bisherigen Lebens und des eigenen Lebensentwurfes.

Genau dies aber ist auch die Situation Elias: Mit dem Tod vor Augen muß er sich ebenfalls nach dem Sinn seines Tuns und seines Lebens fragen. Ist er nicht mit dem, was er im Auftrag Gottes verwirklichen wollte, gescheitert? Muß er nicht einsehen, daß er sein Ziel verfehlt hat? Bleibt nun im Rückblick auf sein Leben nichts als ein Trümmerhaufen, nichts als Schuld, nichts als eine große Niederlage?

Beim Menschen unserer Zeit werden diese Fragen so oder ähnlich mit dem Näherkommen des Lebensendes wach. Plötzlich wird dem Betroffenen bewußt, daß zwei Drittel oder drei Viertel des Lebens gelebt sind. Die eigenen Eltern werden pflegebedürftig oder sterben. Körperliche Beschwerden signalisieren immer deutlicher das Älterwerden. Die Kinder gehen aus dem Haus, und die Ehepartner sind wieder auf sich geworfen. Am zurückgelegten beruflichen, aber auch privaten Weg kann jetzt kaum noch etwas geändert werden. Nicht mehr die Zukunft, sondern die Vergangenheit erhält das Schwergewicht: Man realisiert, daß man für Neues nur noch wenig Zeit hat, vielmehr wird die Begrenzung des eigenen Lebens zu einer ganz konkret erfahrbaren Wirklichkeit.

So beginnt eine kritische Überprüfung der eigenen Lebenspläne und der eigenen Lebensgeschichte. Plötzlich bricht die Frage auf: »Hat denn das Bisherige meines Lebens einen Sinn gehabt? Wofür habe ich mich so angestrengt?« Es stellt sich die Frage, ob der Betroffene seine Lebensziele tatsächlich erreicht hat. Sowohl das Wahrhaben, daß manche Ziele nicht erreicht wurden, als auch die Erkenntnis, daß manche Lebensziele eingelöst wurden, wirft folgende Frage auf: »Was kommt jetzt noch in meinem Leben? Wofür lebe ich denn jetzt angesichts meines eigenen Endes?«

In vielen Fällen bricht dann eine existentielle Leere auf, weil die alten Lebensziele keine tragfähige Bedeutung mehr haben. Der Abschnitt des jüngeren und mittleren

Lebensalters mit seinen auf Aufbau, auf Zukunft und Expansion gerichteten Lebenszielen geht zu Ende. Der nun kommende Lebensabschnitt ist noch fremd und bedrohlich, weil dieser nun ganz anders orientierte Lebensziele erfordert. Diese neuen Lebensziele wie zum Beispiel die Besinnung auf das eigene Innere, die Zuwendung zu geistigen Interessen und ähnliches sind aber in der Krise für den Betroffenen überhaupt nicht sichtbar. Vielmehr steht der Verlust der bisher tragenden Lebensinhalte und Lebensziele im Vordergrund des Erlebens.

Der Verlust von Wünschen, Hoffnungen und Träumen ist besonders für solche Menschen lebensbedrohlich, die diese Lebensideale zum einzigen Lebensinhalt gemacht haben.

Eine 56jährige Klientin hatte das ausschließliche Ziel, ihrer Mutter eine gute Tochter zu sein. So verzichtete sie auf eine Partnerschaft, auf Familie und eigene Berufstätigkeit. Diese Frau glich ihre eigene Lebensweise immer stärker dem Leben ihrer alternden und dann auch pflegebedürftigen Mutter an. Sie verzichtete zum Beispiel auf Telefon und Fernseher (auch noch nach dem Tode der Mutter), weil es die Mutter so wollte. Als die Mutter nach langer Pflege starb, war die Tochter nicht nur kräftemäßig am Ende, sondern zugleich ihres zentralen Lebensinhaltes beraubt. Sie stürzte in eine schwere depressive Krise.

Das Ende einer alten Lebensstrategie

Unser Leben wird nicht nur von unseren Lebensinhalten und Zielen geprägt, sondern auch von dem, wie wir leben. So lebt der eine mit großem Ernst und mit dem Bemühen, das Leben zu planen, zu strukturieren und in den Griff zu bekommen; ein anderer lebt leichtsinnig, spontan und eher oberflächlich. So unterschiedlich diese Methoden der Lebensbewältigung sind, so einseitig sind sie jeweils. Wird solch eine Lebensmethode durch ein schwieriges Ereignis in Frage gestellt, geraten wir wie bei dem Verlust eines wichtigen Lebensinhaltes in eine Krise, weil nun die gewohnten Handlungsweisen nicht mehr verfügbar sind. Der leichtfertig lebende Mensch kann angesichts eines schweren Verlustes nun seine Methoden wie Witz und Humor, Bagatellisieren und Verdrängen nicht mehr zur Bewältigung seiner Trauer einsetzen. Da er bisher Schmerz und Trauer meist überspielt hat, weiß er gar nicht, wie er nun damit umgehen könnte.

Auch bei Elia ist nicht nur sein Lebensziel, nämlich die Ausrottung der für ihn feindlichen Religion, in Gefahr, sondern auch seine Lebensmethode, mit der er versucht hatte, seinen Lebenssinn als Prophet zu verwirklichen. Mit eiserner Gewalt, mit stählerner Härte, mit rücksichtslosem Kampf glaubt Elia, sein Ziel zu erreichen. »Sei hart. Sei kämpferisch. Sei kompromißlos« – so oder ähnlich mögen die inneren, freilich unbewußten Sätze in Elia ihn aus heutigem Verständnis zu seinem Tun angetrieben haben.

Elia scheint nur diesen Weg zu seinem so ersehnten Ziel zu kennen. Die Gewalttaten der Königin Isebel auf der Gegenseite (vgl. 1. Könige 18, 4) sind für ihn Rechtfertigung genug, ebenfalls mit Gewalt vorzugehen.

Psychologisch betrachtet steht dahinter freilich die tiefe Angst vor einer eigenen Niederlage und vor dem Verlust des eigenen Lebens. Diese Lebensstrategie des Elia

»Kämpfe bis zum Letzten« wird wie viele Lebensmethoden aus dieser Angst gespeist. Jede einseitige Lebensmethode ist also der Versuch, das, was wir zutiefst befürchten, durch das eigene Tun zu vermeiden.

Dazu kommt bei Elia, daß anscheinend auch Gott solch ein gewalttätiges Vorgehen von ihm verlangt.

Wenn wir dies zunächst nur psychologisch verstehen, dann wird hier eine Stimme laut, die aus dem Persönlichkeitsteil des Über-Ichs oder Eltern-Ichs stammt. Hier sind Regeln, Normen, Forderungen und Ansprüche gesammelt, die wir als Kinder meist unbewußt von unseren Eltern übernommen haben.

Auch einseitige Lebensmethoden und Anleitungen, wie das Leben bewältigt werden kann, werden oft von Eltern vorgelebt. Sie erwarten ebenfalls meist unbewußt, daß ihre Kinder diese übernehmen. Da Kinder zunächst von ihren Eltern abhängig sind, verinnerlichen sie solche Vorbilder und Lebensmaximen so weit, daß sie diese dann später unbewußt als ihre anscheinend ureigenen Lebensmethoden umsetzen.

Der von den Eltern vorgelebte, meist auch ausgesprochene Satz wie z. B. »Nur wer immer kämpft, kommt durchs Leben« wird dann zu einem unbewußten Lebensprogramm, aus dem heraus wir das Leben bewältigen. Wir nennen solche inneren Leitsätze »Antreiber«, weil wir uns mit diesen Sätze ständig unter Druck setzen, vorwärtspeitschen und fordern.

Als Beispiele solcher Antreiber seien Sätze genannt wie »Sei perfekt«, »Streng dich an«, »Sei immer stark« oder »Sei immer nett und lieb«.

Mit solchen Antreibern läßt es sich zunächst ganz gut leben, weil sie auch in einem positiven Sinne antreiben, also auch motivieren. Die Eltern vermittelten ihren Kindern diese Antreiber meist auch mit einer guten Absicht. Diese Leitsätze sollten dem Kind helfen, möglichst erfolgreich im Leben zu sein. Bald aber verkehrt sich die gute Absicht, die hinter den Antreibern steht, ins Gegenteil: Erste Erfolge mit der eigenen Lebensstrategie führen dazu, daß der Betreffende einseitig nur noch nach diesen Methoden lebt.

Auch Elia hat mit seinem inneren Leitsatz »Sei hart. Sei kämpferisch« zunächst Erfolg, weil er damit innerlich sehr eindeutig und klar den gegnerischen Baalspropheten gegenübertreten kann. Überzeugt und unerschüttert kann er so für Jahwe, seinen Gott, eintreten. Doch die innere Festigkeit und Kampfbereitschaft schlägt bei Elia in schiere Gewalt um. Waren seine inneren Antreiber zunächst noch motivierend, bereiten sie nun die Katastrophe vor: Mit der Tötung der Baalspropheten durch Elia wird Isebel, seine mächtige Gegnerin, auf den Plan gerufen. Angesichts dieser Todesdrohung steht der so einsame Gotteskämpfer mit seiner Lebensmethode auf verlorenem Posten.

Auch beim heutigen Menschen kommt es zu einer Krise, wenn eine neue Lebensaufgabe mit der bisher bewährten Methode nicht gelöst werden kann oder wenn der »Gegner« wie bei Elia doch mächtiger ist, so daß eine einseitige Lebensstrategie versagt.

Häufig führt aber auch der dauernde innere Druck, unter den jemand sich mit seinem Antreiber ständig setzt, zu einer körperlichen oder psychischen Erschöpfung. In dieser Erschöpfung kann dann die kräftezehrende Lebensmethode nicht mehr weitergeführt werden. Der psychische und körperliche Zusammenbruch, der sogenannte »Nervenzusammenbruch«, ist dann sichtbares Zeichen einer Lebenskrise.

Das eben Beschriebene ist in dem folgenden Traum eines Klienten anschaulich symbolisiert. Dieser 35jährige Mann war beruflich sehr erfolgreich. Seine zentrale Lebensmethode war es, alles zu planen, zu strukturieren, im Griff zu haben und zu steuern. Diese beruflich erfolgreiche Methode übertrug er unbewußt auch auf seine Partnerschaft. Die Partnerschaft geriet in eine Krise, weil sich die Freundin gegen diese Lebensmethode wehrte. Der Klient mußte erkennen, daß das Steuern und Im-Griff-Haben im Beziehungsbereich versagt und dieses alte Lebensmuster ins Stocken bringt. Er träumt:

»Ich sitze am Steuer meines Autos. Plötzlich leuchtet ein rotes Warnlämpchen auf. Ich denke, daß das wohl das Öl sein wird. Aber nun läßt sich das Lenkrad kaum noch bewegen; ich kann nicht mehr steuern. Ich steige aus und sehe zu meinem Erstaunen, daß beide Vorderreifen platt sind.«

Der Klient sieht in den beiden Vorderreifen seine Partnerschaft symbolisiert, in der er ebenfalls alles steuern wollte. Er muß erkennen, daß – wie er sagt – »die Luft aus der Beziehung ist«, will sagen, daß die Beziehung am Ende ist.

Im Gespräch über den Traum sieht er ein, daß seine Methode, »über das Lenkrad auch die Beziehung zu steuern«, seine Partnerschaft zerstört hatte.

Wie viele andere von einer Krise Betroffene hatte er die Warnzeichen nicht erkannt oder falsch gedeutet.

Unser Unbewußtes schickt schon sehr früh Warnzeichen, wenn ein einseitiges Lebensmuster in eine persönliche Sackgasse zu führen droht. Aber weil die bisherigen Lebensmuster zunächst erfolgreich waren, glauben wir, daß sie trotz Warnzeichen weiterhin für unsere Lebensbewältigung unverzichtbar sind. Hinzu kommt, daß wir uns gar nicht vorstellen können, daß auch andere, sogar ganz entgegengesetzte Lebensmethoden förderlich sein könnten. Erst die Krise nötigt uns dazu, alte Lebensstrategien aufzugeben und neue zu suchen.

Das Zerbrechen des idealen Selbstbildes

Gegenüber Isebel will Elia der Prophet sein, der sich ganz von dem Auftrag Jahwes her versteht. Das Bild, das er von sich hat, ist das eines ganz von seiner Mission überzeugten Propheten; die Person verschwindet hinter der Mission. Nicht wer Elia als Mensch tatsächlich ist, sondern wie er als Beauftragter Gottes sein soll, ist hier entscheidend. Elias Selbstbild ist durch und durch von seinem Auftrag her geprägt.

Zunächst kann Elia diese Einheit von realer Person und idealem Propheten aufrechterhalten, indem er alle persönlichen Gefühle und Wünsche zurückstellt und für seinen Kampf opfert. Erst das drohende Scheitern läßt die Verschmelzung von Person und Amt auseinanderbrechen und die zurückgehaltenen Gefühle sichtbar werden.

In seiner Angst (vgl. bes. 1. Könige 19, 3) ist Elia nicht mehr der aufrechte, kämpferische Prophet, sondern der schwächliche Mensch, der um sein Leben fürchtet. Nunmehr bricht hinter dem Ideal der reale Mensch mit seinen Schwächen durch. Dieses Auseinanderbrechen wird zwar in unserem alttestamentlichen Text nicht ausdrücklich reflektiert, wohl aber in dem Wunsch Elias, sterben zu dürfen (vgl. 1. Könige 19, 4), schonungslos offengelegt.

Was hier mit Elia in seiner Krise geschieht, läßt sich mit modernen psychologischen Begriffen noch besser verstehen. Jeder hat Wunschträume von dem, wie er gerne sein möchte. In solchen Idealvorstellungen ist zum Beispiel jemand ein außerordentlich erfolgreicher Manager, liebevoller Vater und Ehemann zugleich. Meist sind uns diese großartigen Traumbilder von uns selbst kaum bewußt, dennoch beeinflussen sie uns sehr stark in dem, was wir von uns und unserem Leben erwarten. Diese hohen, meist unerreichbaren Bilder von uns sind im sogenannten Ideal-Ich oder Ideal-Selbst zusammengefaßt.

Dieses ideale Selbst entsteht schon sehr früh in der psychischen Entwicklung einer Person. Zunächst erlebt das Kind die Eltern als ideal und allmächtig. Dies ist nötig, weil aus der Sicht des Kindes nur ideale Eltern das hilflose Kind wirklich schützen können. Gleichzeitig verinnerlicht das Kind sein Bild von den scheinbar idealen Eltern, indem es das, was es an den Eltern bewundert, selbst erreichen möchte. So glaubt das vier- bis fünfjährige Kind, daß es selbst sehr stark und klug ist. Dies macht das Kind unabhängig von den wirklichen Eltern, die – je länger je mehr – doch nicht so ideal und allmächtig erlebt werden.

Durch die Verinnerlichung des elterlichen Idealbildes wird dieses allmählich zum Bild einer eigenen Lebensmöglichkeit bzw. zu einer inneren Forderung, diesem Bild zu entsprechen. In einer kurzen Phase der Entwicklung erlebt sich das Kind dann auch als bestes und liebstes Kind; dies wird wiederum häufig von den Eltern unterstützt und ist als zeitlich beschränkter Entwicklungsabschnitt für das Kind auch sehr wichtig. Schon bald aber erlebt das Kind seine Grenzen und damit auch, daß jenes Ideal nicht der eigenen Realität entspricht. Das Kind muß erkennen, daß es doch nicht so stark, klug und »lieb« ist, wie es sein möchte. Das Kind reagiert auf die Erfahrung der eigenen Grenzen mit Ohnmacht, Verzweiflung und Wut. Dabei entwickelt es immer mehr ein realistisches Bild von sich selbst: Es entsteht das Realbild, das ein Mensch von sich hat und das er deutlich von seinem Ideal-Ich unterscheiden kann.

Eine reife Persönlichkeit kann sich weitgehend realistisch mit allen Schwächen und Grenzen sehen. Das Ideal-Ich bleibt aber als herausfordernde Möglichkeit, sich ihm doch noch anzunähern, weiterhin wirksam.

Ein Mensch kann sein inneres Gleichgewicht solange aufrechterhalten, solange sein Realbild nicht allzu weit von seinem Idealbild abweicht. Er kann sich dann immer wieder sagen, daß er so schlecht, so unfähig usw. doch gar nicht sei.

Situationen wie sie als Auslöser für Lebenskrisen typisch sind, führen allerdings dazu, daß die Diskrepanz von Ideal- und Realbild sehr groß wird.

So zeigt zum Beispiel das Scheitern eines 45jährigen, bisher erfolgreichen Geschäftsführers in einer neuen beruflichen Position, daß er nicht wie erträumt der erfolgreiche und leistungsstarke Mann, sondern ein Mensch mit unerwartet großen Schwächen ist.

Die aufopfernde Mutter von drei Kindern muß in ihrer körperlichen Erschöpfung und anschließenden Erkrankung erkennen, daß sie nicht mehr ihrem Idealbild einer stets fürsorglichen Mutter entsprechen kann.

Das eigene Idealbild scheint damit in unerreichbare Ferne gerückt zu sein. Diese große Diskrepanz zwischen dem Ideal- und dem Realbild ist eine schwere Verletzung des eigenen Selbstwertgefühles. Im Fachterminus wird dies als eine narzißtische Kränkung bezeichnet. Eine derartige Diskrepanz im eigenen Selbstbild und die dadurch erlebte narzißtische Kränkung kann meist nur kurzfristig durch Leugnung oder Verdrängung abgewehrt werden. Wiederholt sich aber die Kränkung oder ist sie sehr verletzend, reagiert der Betroffene wie als Kind mit Ohnmacht, Verzweiflung, Trauer und Wut.

Das Auseinanderbrechen des Selbstbildes führt zu einer inneren Desorganisation, zur Verwirrung und Hilflosigkeit, wie sie für Lebenskrisen kennzeichnend sind. Durch diese Störung der inneren Balance werden wir auch unfähig, die äußere Situation zu überschauen, zu strukturieren und zu bewältigen.

Dies wird auch am folgenden Beispiel sehr deutlich. Ein 34jähriger Ingenieur, seit acht Jahren verheiratet und beruflich recht erfolgreich, wacht an einem Morgen mit starken Angstgefühlen auf. Die Angst überflutet sein Inneres regelrecht, so daß er in seiner Panik seine Arbeit von einem zum anderen Tag niederlegen möchte. Schlaflosigkeit, innere Unruhe und Selbstmordgedanken verschärfen seine Situation. Die vom Nervenarzt verschriebenen Medikamente dämpfen allenfalls die Symptomatik, ohne sie jedoch wirklich zu verändern. Seine Ehefrau kann das Leiden ihres Mannes nicht mehr mit ansehen und meldet ihn in der Beratungsstelle an.

Im ersten Gespräch bricht alles aus ihm heraus: Seit Beginn seiner Ehe besucht er regelmäßig Prostituierte, ohne daß seine Frau dies je bemerkt hätte. Seit acht Monaten ist nun seine Frau schwanger. Dem Klienten gelingt es in dieser Zeit nicht, die Besuche bei den Prostituierten aufzugeben. Im Gegenteil: Die Besuche häufen sich. Er erlebt den inneren Zwang, dorthin zu gehen, als immer stärker werdende Sucht. Konnte er bisher notdürfig diese Besuche vor sich rechtfertigen, konnte er also Ideal- und Realbild von sich selbst trotz der großen Diskrepanz irgendwie vereinbaren, so ändert sich dies mit der anstehenden Geburt seines ersten Kindes. Alte Idealbilder werden mit der näher rückenden Geburt immer einflußreicher: Auf der einen Seite möchte er der gute, treusorgende Vater für das Kind und der liebende Ehemann seiner schwangeren Frau sein, auf der anderen erlebt er sich als moralischen Versager und Betrüger.

So bricht die bisher notdürfig aufrechterhaltene Balance zwischen Ideal- und Realbild von sich endgültig zusammen. Die ständige Verdrängungs- und Verleugnungsarbeit, das jahrelange Aushalten der inneren Diskrepanz und Spannung hat zuviel psychische Energie gekostet. Innerlich erschöpft und ausgebrannt, bricht er zusammen. Seine Angst, die vor allen Dingen eine seiner Mutter gegenüber erlebte Strafangst ist, kann er nicht mehr abwehren. Sie überflutet die bisherigen Abwehrdämme und überschwemmt das Ich, das sich, der eigenen Abwehrkräfte beraubt, der Panik nicht mehr erwehren kann. Natürlich kann dann das »Ich« auch die äußeren Aufgaben wie den Beruf, das Zusammenleben mit der Ehefrau und die Vorbereitung auf die Geburt des Kindes nicht mehr bewältigen.

Der Betroffene steht nun mitten in einer Lebenskrise, für die es für die Angehörigen und den Nervenarzt scheinbar keine konkreten und augenfälligen Auslöser gibt. Auch für den Klienten selbst war der Zusammenbruch zunächst unverständlich, hatte er es doch jahrelang geschafft, mit seiner inneren Diskrepanz zu leben. Erst das genaue Aufarbeiten des inneren Geschehens in mehreren Beratungsgesprächen macht dem Klienten klar, wie die innerseelischen Geschehnisse plötzlich eine so starke Lebenskrise auslösen konnten.

In den weiteren Beratungsgesprächen ging es zunächst darum, das »Ich« des Klienten zu stabilisieren, damit er sich dann mit seiner inneren und äußeren Situation auseinandersetzen kann. Die Stabilisierung des Ich geschah dadurch, daß der Betroffene die Hoffnung fassen konnte, daß es durchaus eine Möglichkeit gibt, seine zugegebenermaßen sehr schwierige Situation zu bewältigen.

In einem nächsten Schritt ist es die Aufgabe dieses Mannes, das anzuschauen, was er wirklich mit sich und seiner Frau gemacht hat, also seinem realen Verhalten und Tun wirklich ins Auge zu blicken und wahrzunehmen – im Sinne von für wahr nehmen –, wie er wirklich ist. Die Betrachtung dieser eigenen Schattenseite ist sehr schmerzlich. Der Mann muß in einem sehr beschwerlichen Prozeß diese Schattenseite als einen Teil von sich selbst akzeptieren, also das eigene Realbild durch diesen »dunklen Fleck« erweitern. Das aber setzt voraus, daß er sich schließlich verzeiht und akzeptiert, daß sein Selbstbild tiefe, unauslöschliche Risse erhalten hat.

Blicken wir noch einmal auf Elia. Welchen »dunklen Fleck«, der gar nicht so recht zum Propheten Gottes passen will, müßte er denn an sich sehen?

Sicherlich wäre es zunächst seine Angst, die nicht ins Idealbild eines großen Propheten paßt. Dahinter aber steht auch die Schuld, die Elia mit der Tötung der Baalspropheten auf sich geladen hat. Elia kann dies nicht als Schuld sehen, weil er sein Tun im Kampf für Jahwe für gerechtfertigt hält. Doch Schuld läßt sich nicht auf Dauer verleugnen. Sie kehrt wieder, und zwar meist in der Angst vor der Strafe oder Rache. Genau das aber ist die Absicht Isebels, nämlich sich an Elia zu rächen und ihn zu bestrafen. Die Angst Elias ist psychologisch verstanden auch die aus seiner nicht angenommenen Schuld entstehende Strafangst.

Elia ist nicht mehr der große Prophet. Er entspricht nicht mehr seinem Idealbild. Scheitern und Verlust sind ihm ins Gesicht gemalt. Das aber macht ihn für uns auch menschlich, denn zu uns Menschen gehören Scheitern und Verlust.

Scheitern und Verlust

Was wir Menschen immer wieder verdrängen und verleugnen, das genau gehört zum Leben, nämlich das Scheitern, Versagen und das Verlieren. Weil wir das ständig verdrängen, treffen uns solche Ereignisse mit ungebremster Wucht und können tiefgreifende Lebenskrisen in uns auslösen.

Das äußere Scheitern, das äußere Versagen, der äußere Verlust – das zeigt uns Elias Weg in die Krise – haben immer auch einen inneren Verlust an Lebenszielen, an Lebensmethoden und letztlich auch den Verlust eines ausgewogenen Selbstbildes zur Folge. So steht zwar bei den meisten Lebenskrisen ein äußeres Scheitern am Beginn, die eigentliche Dynamik der Krise aber macht die damit verknüpfte innere tiefe Kränkung und Verunsicherung aus.

Das Äußere, sei es der Verlust eines nahen Menschen, einer Arbeitsstelle oder der Gesundheit, bringt einen tiefgreifenden Prozeß im Inneren des Betroffenen in Gang. Das Scheitern als äußerer Auslöser für eine Lebenskrise trifft unsere Seele im Innersten. Deshalb will jede Lebenskrise auf einen Weg nach innen führen.

Der erste Schritt zu einer gelingenden Krisenbewältigung liegt darin, daß wir unser Scheitern oder den erlebten Verlust nicht leugnen, sondern ihn zulassen und als wahr annehmen. Erst im Annehmen unseres Scheiterns, erst im Akzeptieren unseres Verlustes können wir in der Krise wirklich reifen. Auf diese Grundwahrheit werden wir auf den verschiedenen Stufen immer wieder stoßen, freilich in jeweils neuer Gestalt. Das Annehmen und Akzeptieren ist wie ein roter Faden, der sich durch alle Phasen einer Krise hindurchzieht.

Dazu gehört auch, daß alle zum Scheitern und Verlust gehörigen Gefühle wie Schmerz, Ohnmacht, Verzweiflung, Angst sein dürfen, denn sie sind die Aufforderung unserer Seele, sich auf den Weg durch die Krise einzulassen und wie Elia die verschiedenen inneren Landschaften einer Lebenskrise zu durchschreiten.

Freilich zeigt gerade auch die Geschichte Elias, daß etwas anderes uns zunächst viel näher liegt, nämlich vor dem Scheitern zu fliehen, es nicht wahrhaben, nicht zulassen zu wollen.

Wir müssen sie wohl versuchen, die Flucht vor der Krise. Anscheinend ist sie ein nötiger Umweg auf dem Weg durch die Krise.

Flucht vor der Krise?

Da fürchtete Elia sich, machte sich auf und lief um sein Leben.   1. Könige 19, 3 a

Die Einengung

Angst, und zwar die Angst um das eigene Leben, ist es, die Elia im drohenden Scheitern überfällt. Es ist erstaunlich, wie offen das Alte Testament diese menschliche Regung des großen Propheten schildert; Angst ist eigentlich das letzte, das in das Bild vom unerschütterlichen Gotteskämpfer paßt. Ein davonlaufender, in die Flucht geschlagener Prophet, gänzlich von der Angst erfaßt, ist geradezu peinlich.

Doch versuchen wir zu verstehen, was in diesem Moment mit Elia geschieht.

Die Todesdrohung der Isebel treibt Elia in die Enge, die als ausweglose Sackgasse erscheint. In dieser Beengung gibt es scheinbar kein Vorwärts und kein Zurück mehr; nur noch Angst und Panik bestimmen das Tun Elias.

Jede Lebenskrise beginnt mit dem Erleben dieser bedrohlichen Einengung. Der Betroffene sieht sich ohnmächtig der Gefahr oder dem Verlust ausgeliefert; die gegenwärtige Lebenssituation scheint völlig ausweglos zu sein. Nichts kann er mehr tun, um die Krise noch abzuwenden. Seine Hände sind ihm gebunden, seine

Beine sind wie gelähmt, das Herz scheint stillzustehen, der Atem ist wie abgeschnürt, der Brustkorb ist wie von einem Panzer zusammengepreßt. Die psychisch erlebte Einengung in der Krisensituation ist körperlich spürbar. Das dem Wort »Angst« zugrundeliegende lateinische Wort »angustia« bedeutet dann auch nichts anderes als »Enge«: Bedrücktwerden, Beengtwerden, Eingeschnürtsein, Gefangensein – all das liegt der Angst in der Krise zugrunde.

Der folgende Traum zeigt diese für eine Lebenskrise charakteristische Einengung und Angst sehr deutlich.

Eine attraktive und beruflich erfolgreiche 40jährige Frau fühlt sich trotz ihrer Erfolge den ständigen Konflikten mit dem Geschäftsführer der Firma nicht mehr gewachsen. Sie erzählt folgenden Traum:

»Ich gehe in einem Hohlweg. Plötzlich fährt ein großer Lkw auf mich zu. Ich will fliehen, doch der Hohlweg ist zu eng. Der Lkw kommt immer näher und will mich überrollen. Ich sehe schon, wie er mich erdrückt. Da wache ich voller Angst auf. Mein Herz rast. Ich schwitze. Meine Beine sind schwer wie Blei.«

In diesem Traum wird der Konflikt mit dem als übermächtig erlebten Chef in zwei Bildern veranschaulicht. Die Einengung kommt im Bild vom engen Hohlweg zum Ausdruck; die Übermacht des Geschäftsführers wird im bedrohlichen Näherkommen eines großen Lkws symbolisiert. Für die Träumerin ist ein Ausweichen nicht mehr möglich, der Kampf mit der Bedrohung aber ebenfalls aussichtslos. Auch hier wird die Träumerin wie Elia von der Angst um das eigene Überleben erfaßt. Gefühle der Hilflosigkeit, des Gelähmtseins und der Ohnmacht begleiten ihre panikartige Angst.

Der Traum beschreibt sehr klar, was sehr häufig am Beginn einer Krise erlebt wird und was in der Psychologie mit dem Begriff »situative Einengung« benannt wird.

Der Betroffene kann in diesem Moment nur noch die auf ihn zukommende Katastrophe, jedoch keine andere alternative Möglichkeit sehen. Sein Blick und sein Erleben ist gänzlich auf die gegenwärtig so schwierige Lebenssituation gerichtet. Das Denken und Fühlen eines Menschen in solcher Lage kreist unablässig um diese Situation und deren Unausweichlichkeit. Viele Betroffene berichten, daß sie dabei stundenlang grübeln, Selbstgespräche führen und sich immer wieder das Scheitern, das Versagen oder den Verlust vorstellen.

Auch Elia scheint nur noch die Todesdrohung Isebels vor Augen zu haben. Seine bisherigen Erfolge und sein Triumph über Baal auf dem Berg Karmel zählen in diesem Augenblick für ihn nicht mehr. Mit der Unterstützung des Volkes oder dem durchaus möglichen Schutz durch den König Ahab scheint er gar nicht mehr zu rechnen. Nur noch die scheinbar unausweichliche Katastrophe beherrscht sein Fühlen.

Die Gefühlswelt ist in dieser Phase einer Krise gänzlich von der panikartigen Angst bestimmt. Kopfloses Hin- und Hergehen, planloses Handeln und große Unruhe sind sichtbare Zeichen der inneren Einengung. Da der Betroffene seine Situation als nur noch bedrohlich und katastrophal erlebt, kann er Hilfsangebote oder mögliche Auswege gar nicht mehr wahrnehmen. Dies führt meist dazu, daß der Betroffene sich auch von Freunden und Bekannten zurückzieht und isoliert. Das soziale Beziehungsgeflecht wird so immer brüchiger. Die Welt wird als Ganze bedrohlich und unheimlich. Dies zeigt der folgende Traum einer Klientin in ihrer Lebenskrise:

»Ich fahre mit dem Auto auf einer Straße an einem Berg
entlang. Plötzlich wird die Straße in Nebel gehüllt.
Links und rechts der Straße droht flüssiger, glühender
Teer mich zu verschlingen. Vorne ist die Straße mit Steinen und Geröll zugeschüttet. Ich kann nicht mehr wei-
terfahren – aber rückwärts geht es auch nicht mehr. In
Angstschweiß gebadet wache ich auf. Ich zittere am ganzen Körper.«

Die Klientin erfährt ihre gegenwärtige Krise nach dem
Verlust ihres Mannes in den Bildern vom Nebel, vom
glühenden Teer und dem Geröll als unheimlich und bedrohlich. Die Einengung wird in diesem Traum durch
das Verschlingende des Nebels und des Teeres besonders drastisch gezeigt; aus den Klauen dieser unheimli-
chen Landschaft scheint es für die Klientin kein Entkommen zu geben. Der bisherige Lebensweg bzw. Lebensentwurf führt in eine furchtbare Sackgasse, die
alles Lebendige zu vernichten droht.

Auch hier erlebt die Klientin das zentrale Grundgefühl
der panikartigen Angst zu Beginn einer Krise. Diese
Angst ist keine begrenzte Furcht vor einer bestimmten
Situation, sondern ein Überflutetwerden von einer exi-
stentiellen Lebensangst. Wir können sogar sagen, daß
der Mensch in der Krise nicht Angst hat, sondern gänzlich Angst ist.

Die Todesangst in der Krise

Die die ganze Person umgreifende Macht der Krisenangst läßt sich nur von daher verstehen, daß diese
Angst aus sehr verschiedenen, tief in das Unbewußte
reichenden Quellen gespeist wird.

Die erste, sehr bedrohliche Angst erlebt der Mensch bei seiner Geburt. Das Zusammenziehen der Gebärmutter bedrängt den Säugling und treibt ihn aus dem Zustand der Geborgenheit. Im Geburtskanal wird der Säugling sehr stark zusammengedrückt, meist verbunden mit einem Sauerstoffmangel. Das Kind ist eingeschlossen in einen engen, bedrückenden und dunklen Raum, in dem es kein Rückwärts und zeitweise kein Vorwärts gibt.

Die körperlichen Reaktionen bei panischer Angst wie Atemnot und beschleunigter Herzschlag erinnern auffällig an die Körperreaktionen des Säuglings bei der Geburt. Offenbar wird die massive Einengung im Geburtskanal sehr angstvoll erlebt, und umgekehrt ruft die oben beschriebene Einengung in einer Lebenskrise diese Geburtsangst wieder wach.

Schwere Lebenskrisen werfen uns also an die Anfänge unseres Menschenseins zurück. Die bei der Geburt vermutlich gemachten Erfahrungen des Eingeengtseins, des Kampfs ums Überleben und der angstvollen Körperreaktionen ist die tiefste Quelle, aus der die so übermächtig erlebte Krisenangst genährt wird.

Noch in einem anderen Sinne führt uns die Lebenskrise in die Anfänge des Menschseins zurück. Ängste haben seit der frühesten Geschichte der Menschheit die Funktion, das Überleben des Menschen zu sichern, indem sie die Flucht vor übermächtigen Feinden, Tieren oder Naturgewalten einleiteten. Körperliche Reaktionen wie der Adrenalinanstieg im Blut, Zunahme des Blutdruckes und der Pulsfrequenz etc. erinnern uns an diese ursprüngliche Funktion der Angst, den Menschen vor der Vernichtung zu bewahren.

Diese Todes- und Vernichtungsängste unserer frühen Vorfahren werden in vielen Mythen und Überlieferungen in den Bildern von verschlingenden Ungeheuern symbolisiert. Schlangen, Drachen oder Walfische verschlingen den hilflos ausgelieferten Menschen und vernichten ihn. Diese uralten Ängste sind samt den genannten Bildern und Symbolen tief in unserem Unbewußten aufbewahrt. Alle Menschen erleben über verschiedenste Kulturkreise hinweg diese frühen Ängste ganz ähnlich und in denselben, immer wiederkehrenden Bildern von verschlingenden Ungeheuern.

Auch in der Krisenangst werden diese uralten Ängste wieder wach. Betroffene berichten immer wieder, daß die Krise sie zu vernichten und zu verschlingen droht. Die Krise bzw. der Krisenanlaß wird, wie auch in den beiden oben beschriebenen Träumen ersichtlich, als übermächtiges Ungeheuer erlebt. Die in der Krise erlebte Angst geht also über das persönliche Erleben hinaus und reicht in sehr alte Schichten des Unbewußten zurück, in denen die uralte Angst vor dem Verschlungenwerden, dem Gefressen- und Vernichtetwerden so lange ruht, bis eine schwere Krise sie wieder in unser Erleben zurückholt.

Bei Elia wird das sehr deutlich. Auch er scheint Isebel mit ihrer Todesdrohung als verschlingende Übermacht zu erleben. Die Todesangst besitzt noch ihre ursprüngliche Überlebensfunktion und treibt Elia zur Flucht. Elia läuft in einem ganz ursprünglichen Sinne um sein Leben, damit er nicht vernichtet wird – freilich: sein Lebenswerk kann er damit nicht retten, im Gegenteil, mit der Flucht scheint es schon am Ende zu sein.

Die Erfahrungen der Ohnmacht und Hilflosigkeit in einer Lebenskrise berühren noch eine dritte Schicht alter, meist unbewußter Ängste. Es sind dies die frühen Ängste aus unserer eigenen Kindheit.

Kinder machen schon sehr früh die Erfahrung von Ohnmacht, zum Beispiel dann, wenn das Kind nach den Eltern ruft, diese aber nicht sofort kommen. Das Kind ist dem Hunger, der Nässe, der Kälte oder dem Dunkel hilflos ausgeliefert. Die Angst vor der Verlassenheit und dem Alleinsein kennt von daher jedes Kind. Etwas später hat das Kind bei einer kurzen Abwesenheit von Erwachsenen Trennungs- und Verlustängste. Besonders schwere Verlustkrisen nach dem Tod eines Partners wecken solche alten Kindheitsängste, die in unserem Unbewußten schlummern. Wie das Kind erleben sich viele Betroffene gänzlich der Angst vor dem Alleinsein ausgeliefert. Sie können in dieser aus der Kindheit stammenden Angst nicht sehen, daß es in ihrem Leben auch noch andere tragfähige Beziehungen gibt oder geben wird. Das ganze Erleben ist vielmehr bestimmt von der Angst, von nun an gänzlich allein und vereinsamt leben zu müssen.

In späteren Entwicklungsphasen erlebt das Kind die Angst, nicht geliebt zu werden; des weiteren die Angst, zu versagen und sich bloßzustellen, die sogenannte Versagensangst, und nicht zuletzt die Angst vor der elterlichen Strafe, die sogenannte Strafangst. Besonders bei Überforderungskrisen werden diese Ängste wieder wach.

Ein junger Lehrer fühlt sich durch seine Arbeit total überfordert, die Schüler und die großen Klassen bringen ihn zur Verzweiflung. Zur Krise wird seine Situation, als er vom Rektor kritisiert und vor anderen Lehrern mit abfälligen Bemerkungen bedacht wird.

Dieses Gefühl des Bloßgestelltseins und der Abwertung erinnert ihn an dieselben Erfahrungen mit seinem Vater. Dieser hatte ihm kaum etwas zugetraut und seine

Bemühungen, es dem Vater recht zu machen, meist kritisch und abfällig kommentiert. Mit großen Anstrengungen hatte der junge Mann sich dann dem Lehrerstudium gewidmet, um seinem Vater seine Leistungsfähigkeit doch noch zu beweisen.

Dies gelang zunächst, wenn auch unter großen Mühen. Die Lebensstrategie, es dem Vater mit großer Anstrengung doch noch zu beweisen, brach dann zusammen, als durch den Rektor die gleichen Erfahrungen und Ängste wieder geweckt wurden. Der junge Lehrer erlebt sich in der heutigen Situation ähnlich hilflos, ohnmächtig und bloßgestellt wie damals als Kind, weil ihn die Kindängste der Vergangenheit heute überschwemmen. Die Vorstellung, daß er nun vor den Vater treten und sein Versagen eingestehen müsse, wecken ebenfalls die alten Versagensängste. Die Angst, daß ihn sein Vater mit einem triumphierenden »Ich hab's doch gewußt, daß du es nicht schaffst« begrüßen würde, würde der junge Lehrer als größte Strafe erleben. Diese Strafangst treibt ihn in große Verzweiflung und innere Not. Er kann nicht sehen, daß er als erwachsener Mann sich nicht mehr vor seinem Vater rechtfertigen muß bzw. daß er sich gegen die kritischen und ironischen Bemerkungen des Rektors wehren könnte. Des weiteren kann er sich nicht angemessene Hilfe bei Kollegen holen, weil er in seiner alten Kindheitsangst fürchtet, von diesen ebenfalls abgelehnt zu werden.

Auch bei Elia scheint die Angst, sein Versagen vor sich und Gott eingestehen zu müssen, eine Rolle zu spielen. Er erlebt sein Versagen als so groß, daß es besser wäre, nicht mehr zu leben (vgl. 1. Könige 19, 4). Mit solch einem Versagen kann und will Elia wohl nicht mehr leben – zu groß wäre seine Scham.

Rückblickend können wir noch einmal festhalten, daß unsere Angst in der Krise aus drei alten Schichten unserer Seele gespeist wird: Da ist zunächst die erste Erfahrung von Angst bei der Geburt, dann sind es die Vernichtungsängste aus der frühesten Menschheitsgeschichte, und schließlich sind da noch die Ängste aus unserer persönlichen Kindheitsgeschichte.

Von daher gibt es in der Krise sozusagen einen »Überschuß« an Angst, der gemessen an der konkreten Auslösesituation als zu groß erscheint. So ist das Versagen in einer wichtigen Prüfung zwar schlimm, jedoch nicht so existentiell bedrohlich, wie es der Betroffene in seiner Krisenangst erlebt.

In der Krise aber erleben wir unsere ganze Angst als real und angemessen. Wir müssen uns und anderen Betroffenen zugestehen: Wir haben diese großen und alten Ängste, und sie gehören zu uns und zu unserem Menschsein. Wir dürfen unsere ganze Angst leben, weil die Krise uns als ganze Menschen mit all unseren unbewußten Menschheits- und Kindheitsängsten erfaßt. Die Krise bringt uns mit Seiten unseres Menschseins in Kontakt, die sonst tief unbewußt in uns schlummern. In einer Lebenskrise wiederholen wir nicht nur die schlimmen Situationen unserer Geburt und Kindheit, sondern auch die Angsterfahrungen der Menschheit. Das Standhalten und das Auseinandersetzen mit diesen Ängsten ist nun die eigentliche Aufgabe, vor die uns eine schwere Lebenskrise stellt. Wer die alten Ängste zuläßt, sie aushält und ihnen standhält, der versteht das Leben sehr viel tiefer als zuvor und reift gerade darin.

Zunächst aber scheint sich Elia dieser Aufgabe durch seine Flucht zu entziehen. Von daher stellt sich in jeder Krise erneut die Frage: »Flüchten oder Standhalten?«

Flüchten oder Standhalten?

Elia also läuft um sein Leben, er sucht das Heil in der Flucht. Dieser jeder Angst ursprünglich innewohnende Impuls ist ganz natürlich und angesichts der Bedrohung in einer Lebenskrise auch verständlich. Auch in der Versuchung zu fliehen gleichen wir Elia.

Kurzfristig erscheint die Flucht tatsächlich als rettende Lösung. Die unmittelbare Bedrohung scheint damit zunächst vermieden zu sein, eine wirkliche Klärung der Lebenskrise und ihrer Hintergründe aber unterbleibt. Vermeiden heißt zudem, daß sich der Betroffene nicht auf den Veränderungsprozeß einer Krise einläßt und sich der Entwicklungsaufgabe, die die Krise jetzt fordert, nicht stellt.

Elia kann den Fluchtimpuls ganz konkret im Weglaufen vor der Gefahr umsetzen. Wir können vor unserer Krise nur in einem übertragenen Sinne weglaufen. Dafür stehen uns vielfältige Vermeidungsmöglichkeiten zur Verfügung.

Eine häufig gewählte Form der Flucht ist die Sucht. Das Suchtmittel wie zum Beispiel Alkohol dämpft die Krisenangst und verschafft dem Betroffenen eine trügerische Ruhe und eine scheinbare Distanz zu der krisenauslösenden Situation. Alles wirkt nun nicht mehr so bedrohlich, irgendwelche Auswege scheint es doch zu geben. Zugleich verhindert das Suchtmittel, daß der Betroffene tatsächliche Schritte zur Bewältigung der Krise unternimmt, so daß sich die der Krise zugrunde liegende Problematik weiter verschärft. Bei Verlustkrisen mildern die Suchtmittel zunächst den Schmerz und die Trauer, aber ein wirklicher Abschied von der verlorenen Person kann dann nicht gelingen.

Da in jeder Krise angstbedingt auch starke körperliche Reaktionen wie zum Beispiel Herzstechen, Schwindelgefühle oder Kopfschmerzen auftreten, liegt es nahe, der Krise durch die Flucht in chronische körperliche Erkrankungen auszuweichen. Wir sprechen hier von psychosomatischen Erkrankungen. Dabei werden die körperlichen Beschwerden zum Zentrum des Erlebens; der Betroffene kreist in seinem Denken und Fühlen ständig um seine Symptome. Solange er sich mit diesen beschäftigt, kann er sich nicht mit den Krisenängsten und den dahinterliegenden Konflikten auseinandersetzen. Die psychosomatische Krankheit wie zum Beispiel eine Migräne kann damit zur Abwehr gegen die Ängste und zum Schutz gegenüber den ungelösten Konflikten der Krise gebraucht werden. Es muß allerdings hier ausdrücklich gesagt werden, daß psychosomatische Erkrankungen neben einer nicht zugelassenen und verarbeiteten Lebenskrise viele andere Ursachen haben können.

Eine andere, oft gewählte Form der Flucht vor der Krise besteht darin, daß der Betroffene in vielfältige Aktivitäten ausweicht, um sich von der Krise abzulenken.

So will eine 40jährige Frau, die ihren Sohn durch Selbstmord verloren hat, schon sehr bald nach dem Tod ihres Sohnes eine Selbsthilfegruppe für ebenfalls betroffene Eltern aufbauen. Im Gespräch mit ihr zeigt sich aber schnell, daß sie den Verlust ihres Sohnes noch gar nicht angenommen, geschweige denn bewältigt hat. Sie muß erkennen, daß sie in der Hilfe für Mitbetroffene die eigene Auseinandersetzung mit dem Tod ihres Sohnes vermeiden will.

All das sind Weisen einer inneren Flucht vor der Krise. Ihnen allen liegt der Versuch zugrunde, die Krise und die dahinter verborgenen Konflikte zu verdrängen und abzuwehren. Diese Versuche aber führen nur dazu, daß die eigentlichen Krisenursachen und die Gefühle von Angst, Verzweiflung, Trauer oder Schmerz auf eine äußerst zerstörerische Weise verschoben werden. Körperliche Schädigungen durch die Folgen der Sucht oder psychosomatische Erkrankungen, aber auch eine spätere, plötzlich auftretende Depression sind Ergebnis solcher Leugnungsversuche.

Daher gibt es ein wirkliches Ausweichen vor einer Krise nicht. Es ist ein Irrtum, zu glauben, daß die lebendige Seele und ihr Unbewußtes solche Verdrängungsversuche ungestraft an sich geschehen lassen. Unsere Seele wird uns immer wieder durch Träume oder durch Körpersignale auffordern, sich der Krise zu stellen und ihr standzuhalten.

Viele Fluchtversuche führen paradoxerweise noch tiefer in die Krise hinein – so geschieht es auch mit Elia. Seine Flucht bringt ihm nur scheinbar die Befreiung von der Todesgefahr. In der Wüste, in die ihn seine Krise führt, gerät er wieder – nun auf eine ganz andere Weise – in Lebensgefahr. Wollte er der Todesdrohung Isebels entfliehen, begegnen ihm in der Wüste nun seine eigenen Todeswünsche. Wovor Elia in der äußeren Realität fliehen wollte, das hält ihm seine Seele wie ein Spiegel wieder vor und fordert ihn auf, sich mit seinen Todeswünschen und Todesängsten, mit seinem Scheitern und seiner Ohnmacht, kurz, mit seiner Krise auseinanderzusetzen.

Die Wüste – Endstation oder Anfangssituation

> *Und Elia kam nach Beerscheba in Juda und ließ sei-*
> *nen Diener zurück. Er aber ging hin in die Wüste*
> *eine Tagereise weit und kam und setzte sich unter*
> *einen Wacholder und wünschte sich zu sterben und*
> *sprach: Es ist genug, so nimm nun, Herr, meine*
> *Seele; ich bin nicht besser als meine Väter.*
>
> 1. Könige 19, 3 b–4

Die Wüste – der Ort der Selbstbegegnung

Elias Flucht vor der Bedrohung führt in eine Lebenssituation, in der seine existentielle Krise als Prophet offenbar wird. In dem Symbol der Wüste wird deutlich,
wie es um ihn und um seinen Auftrag tatsächlich steht.
Was Elia als Wüstenlandschaft erlebt, ist ein getreues
Spiegelbild seiner selbst. Elia kann diesem Spiegel der
äußeren Landschaft nicht mehr ausweichen. Insofern
führt ihn seine Flucht vor der äußeren Bedrohung in
Gestalt der Isebel in die Begegnung mit sich selbst.
Die Wüste ist seit alters der Ort der Selbstbegegnung.
Hier ist der Mensch mit sich allein und nur mit sich allein. Es gibt nichts, was ihn ablenken, nichts, was ihn an
Äußerem fesseln könnte – in der Wüste ist der Mensch
ganz auf sich geworfen und auf sich gestellt. Und dies
in einem ganz elementaren Sinne: Hier geht es um das

Überleben in lebloser Landschaft, es geht um die Sinn-fragen seiner Existenz.

Menschen haben diese Situation immer wieder auch ganz bewußt aufgesucht, um im Fasten, im Allein-Sein und Schweigen in der Wüste nur mit sich selbst zu sein. Diese Zeit der Selbstbesinnung war zum Beispiel für Jesus eine wichtige Zeit der Vorbereitung seines öffentlichen Auftretens (Markus 1, 12–13). Hier ist der Aufenthalt in der Wüste die Zeit der Selbstfindung. Auch das früheste christliche Mönchtum war ein Mönchtum der Wüste. Hier war die Wüste unter anderem ein Ort, an dem der Mönch aller Äußerlichkeiten ledig wurde.

Die Krise freilich treibt den Betroffenen zunächst gegen seinen Willen in eine Situation, in der er mit sich als Person ganz allein ist. Gegen seinen Willen zwingt die Krise den Menschen zu dem, vor dem er sehr lange geflohen ist und dem er lange ausgewichen ist, nämlich zur unerbittlichen Konfrontation mit sich selbst.

Ungeschminkt, ohne die üblichen Masken steht der Betroffene sich selbst nackt gegenüber. Elia ist hier nicht mehr im »Amt« des Propheten, sondern er steht sich und Gott ganz allein, aller Fassade beraubt gegenüber. Nachdem er seinen Auftrag letztlich nicht durchsetzen kann, steht er ohne diese Beauftragung vor Gott da. Etwas Schlimmeres kann man sich für einen Propheten nicht vorstellen: Hatte doch die Berufung ihn zu dem gemacht, was er als Prophet war. Nun aber: Nur er allein, ohne Amt und Würde, ohne das Feigenblatt eines Auftrages, nackt und bloß, durchschaut in seiner Angst, in seiner Verzweiflung, in seiner Resignation, in seiner wüstenhaften Leere.

Genau das ist das Gefühl vieler von Krisen Betroffener: Die alten Lebenkonstruktionen, um nicht zu sagen die alten Lebenslügen sind unter der Macht der Krise zusammengebrochen. Nun erhebt sich die Frage: »Was bin ich denn nun? Wer bin ich denn eigentlich noch?« Die Krise sowie die Wüstensituation fordern eine Selbstprüfung, in der der bisherige Lebensweg und die persönliche Lebensentwicklung gänzlich fraglich werden.

Ein 45jähriger Klient, der nach einem Karriereknick und einer Ehescheidung in eine schwere Krise geriet, fragte sich: »Was bleibt denn nun eigentlich von mir noch übrig? Es war doch alles umsonst, total umsonst. Alles ist zerbrochen und zerfallen. In mir ist es ganz leer.«

Wie in diesem Beispiel fällt diese Bilanz bei den Betroffenen meist sehr radikal und negativ aus. Alles wird nun in Zweifel gezogen und abgewertet, nichts Gutes mehr wird an der eigenen Person gelassen. Im Rückblick aus der Wüste erscheint der bisherige Lebensweg deshalb so negativ, weil er aus der Sicht des Betroffenen geradewegs in die Krise geführt hat. Die gegenwärtige Krise erscheint als katastrophale Folge vieler falscher Entscheidungen im Laufe des eigenen Lebens.

Dennoch ist es wenig hilfreich, Menschen in der Krise einreden zu wollen, daß es doch auch wichtige und gute Zeiten im bisherigen Leben gab. Die in der Wüstensituation erlebten Gefühle von Verzweiflung und Sinnlosigkeit lassen sich nicht wegdiskutieren. Es stimmt für den Betroffenen im Augenblick so, wie er seine Situation erfährt. Würden wir versuchen, dies mit Argumenten zu widerlegen, würde er sich nicht verstanden und angenommen fühlen.

Es geht auch hier wieder darum, diesen Gefühlen standzuhalten, sie trotz allem Schmerzlichen anzunehmen. Denn nur darin können wir offen werden für eine der wichtigsten Erfahrungen in der Krise: Wir können uns als die Person erfahren, die wir ohne unsere Leistungen und Anstrengungen sind. Wir können erleben, daß wir auch ohne Leistungsbeweise gehalten und getragen werden. In der Sprache der Rechtfertigungstheologie von Paulus und Luther ausgedrückt, hieße dies, daß wir auch ohne unsere Werke, eben allein aus Gnade von Gott angenommen sind. Unsere leeren Hände in der Wüste könnten uns bereit machen für die Erfahrung, daß wir als Person und nur als Person geliebt werden.

Erst der Zustand des Mangels und der Entbehrung in der Wüste also gewährt uns diese Chance. Alles, was wir sonst durch unsere Werke, durch unsere Arbeit, durch unsere Anstrengungen schaffen, also was zu unserem gewohnten Lebensstil und Lebensstandard gehört, gibt es in der Wüste nicht. Die Wüste hat keine Reichtümer, die man sammeln oder anhäufen könnte. All das zählt nicht, weil irgendwelcher Luxus das Überleben nicht sichern könnte. Reichtum kann man hier nicht im Äußeren suchen, allenfalls im eigenen Inneren oder in der Beziehung zu Gott.

In der Wüste wie in der Krise brechen bislang verdeckte oder verlorengegangene Bedürfnisse nach dem eigentlichen Leben auf. Hunger und Durst zeigen an, daß es um das Überleben geht. Die Wüste und die Krise konzentrieren uns auf das Wesentliche, auf Wasser und Brot.

Darum wirft die Wüste Fragen auf, die sich nicht mehr um das Haben, sondern um das Sein, um die eigene Existenz, um den Sinn des Lebens drehen. Die Wüste wie die Krise als Ausnahmesituation wirft uns aus der gewohnten Bahn unserer Sicherheiten des Habens auf eine ganz andere Ebene, auf der uralte Menschheitsfragen laut werden: »Was ist wirklich nötig für mein Leben? Was brauche ich für mich wirklich? Was ist mir eigentlich wichtig in meinem Leben?«

Jede Lebenskrise stellt also die Sinnfrage an uns. Angesichts solcher Fragen wird für viele das, was bisher an Lebensinhalten und Lebenszielen erstrebenswert und wertvoll war, unwichtig. Die Leere der Wüste konfrontiert unerbittlich mit dem, was nun verloren ist.

Diese bittere Einsicht läßt sich nun nicht mehr länger leugnen. War ein Verdrängen in den ersten Krisenphasen noch möglich, bricht jetzt in der Stille und Einsamkeit der Wüste einerseits und in der Erschöpfung nach der Flucht andererseits diese Abwehr zusammen. Schmerz, Trauer, aber auch Betäubung, Apathie und Resignation legen sich nun wie die bleierne Stille der Wüste über die Seele.

In vielen Betroffenen steigt jetzt einer Fata Morgana gleich der Wunschtraum von einer guten Zukunft oder der goldenen Vergangenheit empor. Nicht wenige sehnen sich in den verklärten Zustand vor der Krise, und sei er noch so unerträglich gewesen, zurück.

Wir kennen das vom Volk Israel, das sich nach dem Auszug aus Ägypten wieder zurück in die sichere Gefangenschaft wünscht. Die Unterdrückung in Ägypten war verlockender als die unsichere Situation in der Wüste (2. Mose 14, 11 f.).

Eine 45jährige Klientin, die in ihrer zwanzigjährigen Ehe mit einem alkoholkranken Mann sehr unselbständig geworden war, hatte sich nach vielen Anläufen von ihrem Mann getrennt. Obwohl sie von ihrem Mann immer wieder gewalttätig behandelt worden war, sehnte sie sich im ersten Jahr immer wieder zu ihm zurück. Die gewohnte Umgebung zu Hause war für sie noch immer attraktiver als ihr Alleinsein und die damit zu-sammenhängenden psychosomatischen Symptome wie Herzrasen, Gefühle des Eingeschnürt-Seins und des ra-senden Kopfschmerzes. Erst als sie ihre Angst vor der Freiheit bei sich erkennen und auch annehmen konnte, konnte sie sich auch allmählich ablösen und ihre Tren-nungskrise langsam bewältigen.

Angst in dieser Krisenphase ist im wesentlichen die Angst davor, eigene Schritte in die unsichere Freiheit hinaus zu tun. Diese Angst vor der Selbständigkeit, die sogenannte Autonomieangst, hat ihre Wurzeln in der Furcht des Kindes in uns, sich vom Schutz und der Ver-trautheit der Mutter zu lösen und die ersten unsicheren Schritte zu tun. Der Verlust alter Sicherheiten in der Krise ruft diese alte Kindheitsangst wach. Sie gehört zu jeder Krise hinzu.

Die endlose Weite und Grenzenlosigkeit der Wüste macht wie die Krisensituation Angst. Für die allmähli-che Entwicklung des Kindes sind Grenzen nötig, weil sie auch Schutz und Geborgenheit vermitteln. Über-schaubare Räume geben dem Kind das Gefühl, in die-sen Räumen aufgehoben zu sein. Zudem hat das Kind hier die Möglichkeit, Kontrolle auszuüben.

Dagegen versetzen uns Lebenskrisen meist sehr plötz-lich in eine bisher unbekannte, offene Situation voller Unsicherheiten und Unwägbarkeiten. Aber genau jetzt wären eigenverantwortliche Entscheidungen nötig, um neue Lebensperspektiven zu entwickeln. Doch wie in der Wüste sind hier keine Anhaltspunkte, keine Markie-rungen für einen gangbaren Weg sichtbar.

An dieser Stelle muß natürlich auch gesagt werden, daß in anderen Krisen wie zum Beispiel beim Verlust der Gesundheit Lebens- und Entscheidungsräume sehr stark eingeengt werden. Hier bleibt dann das oben beschriebene Einengungsgefühl vorherrschend.

Erst nach dem Durchleben der Krise und im Rückblick können Betroffene vielleicht erkennen, daß die Wüstensituation des Verlustes auch Freiheit von alten, beengenden Lebensstrukturen und Bindungen bringen kann. In einer gelingenden Krisenbewältigung steht am Ende die Öffnung und Ausrichtung auf neue Lebensziele.

Mit einer weiteren Grundwahrheit des Lebens konfrontiert das Symbol der Wüste den Menschen in der Krise. Weil die Wüste kein Aufenthaltsort ist, zwingt sie, weiterzuziehen oder aber in der Wüste zugrundezugehen. Stillstand und Bewegungslosigkeit in der Wüste bedeuten den sicheren Tod.

Auch die Krise ist keine Lebenssituation, in der wir über lange Zeit verbleiben könnten. Sie fordert uns heraus, weiterzuziehen, das heißt, uns zu entwickeln.

Mißlingende Krisenbewältigung in dieser Phase führt zu einem resignativen und apathischen Bleiben in der Wüste, was wiederum meist in einem depressiven Stillstand endet. In der Depression wird gerade die Wüste und die Leere zum Lebensort und zum Lebensinhalt gemacht. Depression heißt, in der Wüste stillzustehen und damit psychisch und sozial tot zu sein. Gelingende Krisenbewältigung dagegen nimmt die Forderung der Wüste auf, weiterzuziehen.

Die Wüste – Bild einer inneren Landschaft

»In jenen Tagen war mir zumute, als wäre ich von einer Wüste durchdrungen; ich war eine Wüste in der Wüste...«

Dieses Zitat aus einem Roman Milan Kunderas zeigt sehr gut das zweifache Erleben eines Menschen in der Krise: Er erlebt seine Umwelt und sein Inneres als eine weite und leere Wüste.

Wir wollen uns nun stärker der inneren Wüstenlandschaft eines von der Krise betroffenen Menschen zuwenden. Die Wüste, in der sich Elia befindet, ist zugleich ein Symbol für seine innere, psychische Realität. Die äußere Wüstenlandschaft ist das getreue Abbild der inneren Befindlichkeit des Propheten.

Im Alten Testament wird die Wüste als »dürres und erschöpftes Land ohne Wasser« (Psalm 63, 2) beschrieben, das unendlich groß und unfruchtbar ist (5. Mose 1, 19; 8, 15). Die Wüste steht im betonten Gegensatz zum fruchtbaren Land und ist so Ort der Unfruchtbarkeit, in der der Mensch und seine Seele vor Hunger und Durst verschmachten müssen (Psalm 107, 4–7; vgl. auch die Erfahrung der Israeliten bei ihrem Zug durch die Wüste bes. 2. Mose 15, 22–27 und 2. Mose 16, 1–36).

Die Wüste ist darüber hinaus die Landschaft, in der Zerstörung und Verwüstung haust, weil alles dem Verfall preisgegeben ist (Jeremia 4, 23–27). Die Wüste als Ort der absoluten Einsamkeit ist menschenleer und leblos (Jeremia 4, 25). Die Wüste wird also als Landschaft absoluter Leblosigkeit gesehen, in der ständig der Tod durch Verschmachten aus Wassermangel droht.

Alle diese Aspekte des Wüstensymbols zeigt der Traum einer Klientin, die nach dem Zerbrechen mehrerer Partnerschaften keinen Ausweg mehr weiß:

»Ich liege in der Wüste auf dem Bauch. Ich kann nicht mehr. Über mir kreisen die Geier. Ich habe den Eindruck, die warten nicht einmal, bis ich tot bin. Die werden sich auf mich runterstürzen und mich bei lebendigem Leib zerreißen.«

Eine andere Klientin beschreibt ihre Wüstenlandschaft so: »Da bin ich vollkommen kraftlos und gänzlich von mir selbst abgeschnitten. Ich fühle nichts mehr. Da ist gar nichts mehr. Da hilft auch kein Trost, da hilft mir gar nichts.«

Das Gefühl des Ausgebranntseins, des innerlich Verwüstetseins begegnet uns bei Überforderungskrisen besonders dann, wenn der Betroffene sehr lange mit seinen alten Lebensmethoden versucht hat, die Krise doch noch abzuwenden. Diese ständigen Abwehr- und Fluchtversuche kosten sehr viel psychische Energie. Beim Zusammenbruch in der Krise wird dann dieses Ausgepumptsein vollends deutlich. Das eigene Innere wird dann als Leere, als Loch oder als Verbranntes erfahren.

Bei Verlustkrisen hinterläßt der Verlust einer geliebten Person oder eines wichtigen Zieles die grenzenlose Leere und das Vakuum einer Wüste. Dazu kommt häufig das Erleben, daß der übergroße Schmerz das ganze Innere zu einer Wüste verbrennt oder aber zu einer Eiswüste erfrieren läßt. Wüste oder Eiswüste – beides zeigt in einer Verlustkrise die totale Erstarrung alles Lebendigen in der Seele.

Die von vielen Betroffenen berichtete Erstarrung bezieht sich vor allem auf die Gefühle. Der Fluß der Gefühle ist in dieser Phase der Krise fast immer gänzlich versiegt. Die Gefühlsseite war allerdings meist schon vor Ausbruch der Krise weitgehend vertrocknet. Resignation und Apathie in der glühenden Wüste tun das ihre dazu. Viele berichten, daß sie nicht einmal mehr weinen können und ihr Gesicht und die eigene Mimik zu Stein erstarrt sind.

Das Versiegen und Erstarren der Gefühle gehört durchaus zur Krise und ist zunächst ganz natürlich. Liegt diese Gefühlsverwüstung jedoch schon länger vor oder tritt sie häufiger auf, muß an eine zugrunde liegende depressive Struktur gedacht werden. Dann ist eine längerfristige Psychotherapie nötig, die über eine Krisenbegleitung hinausgeht.

Deshalb ist wichtig, daß die Betroffenen im weiteren Verlauf der Krise wieder einen Zugang zu ihren Gefühlen erhalten, weil diese zur Bewältigung der Krise nötig sind. So hilft das Trauern, von den nicht rückgängig zu machenden Verlusten Abschied zu nehmen. Wut gibt die Energie, aus der Wüste aufzubrechen, den bevorstehenden Weg in Angriff zu nehmen und bisher verschüttete Kräfte zu mobilisieren. Das dem Wort Aggression zugrundeliegende lateinische »adgredi« hat denn auch die Bedeutung von »auf etwas losgehen, an etwas herangehen«.

Eine 50jährige alleinstehende Frau, die sich in ihren Gefühlen und Bedürfnissen zugunsten anderer immer wieder zurückgenommen hatte, gerät in eine schwere Krise. Sie fühlt sich innerlich ausgepumpt und leer. Alles scheint sinnlos zu sein. Sie träumt folgendes:

»Ich gehe ein weites Tal hoch. Das Tal ist ganz vertrocknet und öde. Plötzlich sehe ich vor mir eine riesige Staumauer. Dahinter muß ungeheuer viel Wasser sein. Ich erschrecke sehr. Was ist, wenn die Staumauer zerbricht? Dann wache ich auf.«

Bei dieser Frau wurde die innere Landschaft zu einer Wüste, weil sie sich selber den Wasser-, also den Gefühlszufluß mit einer Staumauer abgeschnitten hatte. Ihre Gefühle und Bedürfnisse gingen dabei nicht völlig verloren, sondern hatten sich gewissermaßen angestaut.

In ihrem Erschrecken erkennt sie aber auch, welche große Kraft und Energie in diesen Gefühlen hinter der Staumauer liegen. Wir besprechen, wie sie allmählich den Stausee öffnen kann, damit sie die öde Wüste in sich bewässern kann. Es ist für sie ein völlig neuer Gedanke, daß im Weinen das Wasser ihrer Tränen, also das Zulassen von Trauer, ihre »verwüstete« Seele fruchtbar machen könnte.

Das Zulassen von Gefühlen bringt innere Bewegung in die scheinbar stillstehende Zeit. Wie in der Wüste erlebt der Betroffene, daß sich nichts ändert, sondern alles still zu stehen scheint und sich alles in gleicher Weise wiederholt. Der Verlust des Zeitgefühls und der Zeitperspektive ist für diese Krisenphase der Erschöpfung und der inneren Entleerung charakteristisch. Mit dem schwerwiegenden Verlust an Zeitvorstellung geht aber auch die Zukunftsperspektive und die Fähigkeit zur Hoffnung verloren. Dies ist ein wesentlicher Grund für die Resignation und Apathie in der Krise. Erlebt wird dies wiederum als innere Leere, als Ausgebrannt- und Verbrannt-Sein. Das Erleben konzentriert sich auf diesen Schmerz und auf die Empfindung des Vakuums. Damit wiederum wird das Erleben zu einem Punkt ohne Zukunft zusammengeschmolzen, was dann den Verlust der Zeitperspektive verstärkt.

Dies ist ein gefährlicher Teufelskreislauf, der, wenn er nicht unterbrochen wird, zu einer Depression führt. Unterbrechen kann diesen Teufelskreislauf nur der Betroffene selbst, indem er zu der Quelle seiner verdeckten Gefühle wie Trauer und Wut zurückfindet.

Zunächst aber führt die perspektivelose Resignation auch bei Elia zu dem Wunsch, sterben zu dürfen. Selbstmordgefährdung gehört fast immer in diese Phase einer

Krise. Diesem Thema wenden wir uns im folgenden Abschnitt zu.

Die Wüste – Sehnsucht nach dem Tod

Im symbolischen Verständnis des Alten Orients stellt die Wüste den Übergang zum Tod dar. So wurden Gräber häufig am Rande der Stadt in die Wüste gelegt.
Eine 55jährige Klientin in einer Trauerkrise beschreibt dieses Gefühl so: »Ich lebe gar nicht mehr – ich vegetiere nur noch so dahin.«
Die Wüste ist die Gegend, in der nach langer Zeit des Durstes der Willen zum Leben erlahmt. So entsteht der Wunsch und die Sehnsucht nach dem Tod. Dahinter steht das Bedürfnis, der Situation der Leblosigkeit zu entfliehen und Ruhe zu finden. Menschen in einer solchen Lage stellen sich den Tod als Gegenstück zur Wüste vor: als paradiesische Ruhe und Frieden. Gerade in der Wüste erwacht die Sehnsucht nach dem Paradies.
Auch bei Elia wird dieser Wunsch laut: »Es ist genug...«. Hier wird der Lebensüberdruß und die Lebensmüdigkeit Elias sehr deutlich. Er wünscht sich nach dem langen Kampf als Prophet und seiner ermüdenden Flucht nichts anderes als endlich Ruhe.
Oft wird der Tod in dieser Krisenphase auch als Schlaf verklärt, aus dem man jederzeit aufwachen kann. Auch hier wird deutlich, daß nicht eigentlich der Tod, sondern Ruhe und himmlischer Frieden gesucht werden. Nicht umsonst begehen viele Suizidanten ihren Suizidversuch mit Schlaftabletten. Hier wird in der Wahl des Suizidmittels die Sehnsucht nach dem Tod als tiefem Schlaf deutlich. Die Überlebenschance, also das Wieder-

aufgewecktwerden bei diesem Suizidmittel ist zudem sehr groß. Unbewußt will der Betroffene also nicht den Tod, sondern zum einen den Schlaf und zugleich das Gefunden-Werden und Aufgewecktwerden von anderen. Darin liegt auch der besondere Appellcharakter bei einem Suizidversuch mit Schlaftabletten.

Die Phantasie vom Tod als friedvollem Schlaf übt auf den Betroffenen eine starke Sogwirkung aus: Der Weg in den Tod erscheint als leicht und einfach gegenüber den vielen mühevollen Schritten aus der Wüste heraus.

Ein 37jähriger Lehrer in einer Erschöpfungskrise beschreibt dies von sich so: »Jeden Tag lese ich die Todesanzeigen in der Zeitung. Dann denke ich: Die haben es gut. Die haben es hinter sich.«

Der Tod als Ende aller Probleme wird so zu einer alles lösenden Erlösung, der sich der Betroffene kaum noch entziehen kann und ab einem bestimmten Zeitpunkt auch nicht mehr entziehen will.

Ein Klient hat dazu folgendes Bild von seiner Situation:

»Ich stehe an einer Weggabelung. Der eine Weg ist voller Steine und Felsen. Für diesen Weg bin ich zu müde. Beim anderen Weg müßte ich mich nur hinlegen und nur noch schlafen. Meine Müdigkeit zieht mich dahin.«

Der mühevolle, beschwerliche Weg aus der Wüste ins Leben erscheint gegenüber dem phantasierten, vagen Zustand von Wärme, Geborgenheit, Frieden, Ruhe und Erlösung als ungangbar.

Auffällig ist dabei immer wieder, daß das Sich-Töten an Schärfe und Entsetzlichkeit verliert. Der in der Krise selbstmordgefährdete Mensch sieht nur noch den Zustand der Erlösung, aber nicht mehr die schwere

Schwelle des Todes: Das Tot-Sein wird idealisiert gegenüber dem Leben, zugleich wird das Sich-Töten in seiner Bedeutung geleugnet.

So wünschen sich viele in der Situation auch, daß eine Krankheit oder ein Unfall das Töten übernimmt. Bei Elia ist dies als Wunsch an Gott ausgedrückt: Nimm doch, Herr, meine Seele. Mit dem hebräischen Wort für Seele, Näphäsch, ist die gesamte Lebendigkeit, der Lebenshauch gemeint.

Dabei spielt bei Elia – wie bei den meisten Menschen auch noch heute – die Ehrfurcht mit, daß allein Gott bzw. er durch einen Unfall oder eine Krankheit das Leben zurücknehmen kann.

In dieser Phase der Todessehnsucht wird der Betroffene auch nicht mehr an die Folgen seines Suizids für seine Familie denken, weil er nur noch den idealisierten harmonischen Zustand des Tot-Seins sieht. Daher erreichen den Betroffenen in dieser Phase auch kaum noch Argumente und Ratschläge. Im Gegenteil: Appelle vergrößern die Verzweiflung und die Sehnsucht nach dem Tod. Argumentieren und Appellieren erhöhen die Gefahr eines Selbstmordes, weil der Betroffene diese Argumente nicht nachvollziehen kann und sie als Druck und Überforderung erlebt.

Größte Achtsamkeit ist geboten, wenn der Betroffene nach anfänglichem Äußern seiner Suizidwünsche plötzlich ruhig, zurückhaltend und still wird. Dieses bedrohliche Zeichen wird meist dahingehend fehlgedeutet, daß der selbstmordgefährdete Mensch von seinem Suizidwunsch Abstand genommen habe. Statt dessen steht hinter dieser Ruhe der nun endgültig gefaßte Entschluß, sich zu töten. Der Suizidimpuls hat dann über die Lebensimpulse Oberhand gewonnen. Damit ist der

innere Konflikt zwischen Sterben- und Lebenwollen gelöst, was sich dann in einer Art unheimlicher Ruhe vor
dem Sturm äußert.

Wer Menschen in solch einer sehr kritischen Phase be-
gleitet, muß zunächst einen Zugang zu deren Gefühlen,
Phantasien und Wünschen erhalten. Dies kann nur gelingen, wenn der Begleiter den Wunsch nach Frieden
und Ruhe als solchen akzeptiert. Wenn der Betroffene
spürt, daß es ganz natürlich ist, angesichts seiner
schwierigen Situation solche Sehnsüchte zu haben,
kann er sich allmählich öffnen. Die Möglichkeit, ganz
ungetadelt und ungestraft über die eigenen Selbstmord-
phantasien und -wünsche zu reden, verschafft dem Betroffenen meist eine große Entlastung und bringt eine
Entspannung in seine Situation.

Dem Betroffenen wird dabei häufig klar, daß der Tod
kein Schlaf, sondern letztgültige Realität ist bzw. daß
vor dem idealisierten Tod das Sterben steht. Der
Wunsch nach dem Paradies kann dann im Verlauf der
Krisenbegleitung zu einem realistischen Wunsch nach
Krisenbewältigung werden, wie zum Beispiel: »Ich
will, daß es mir wieder gut geht« oder »Wie kann ich
mir Ruhe in meinem Leben schaffen?«

So kann aus der Sehnsucht nach dem Tod paradoxerweise ein Wunsch nach dem Leben werden. Der Sehnsucht nach dem Tod liegt der elementare Hunger und
Durst nach Leben, und zwar nach einem geglückten
Leben, zugrunde.

Wird dies dem Betroffenen – zum Beispiel in Gesprächen – bewußt, kann die Suizidalität zum Aufbruch aus
der Wüste heraus beitragen. Wenn der Helfer bei dem
Selbstmordwunsch nicht erschrickt, sondern diesen gerade als produktives Element in der Krise sieht, kann

66

an ihm und aus ihm die Wende ins Leben hinein entstehen.
Auf diese paradoxe Umkehrung kommen wir später noch einmal ausführlicher zu sprechen.

Hoffnung – auch in der Wüste?

Die Wüste als Bild der inneren Landschaft scheint keinen Raum für Hoffnung zu lassen. Häufig ist dies zunächst auch der Fall. Dann ist es entscheidend, daß der Begleiter stellvertretend für den Betroffenen an der Hoffnung auf eine Bewältigung der Krise festhält – freilich ohne diese eigene Hoffnung dem Betroffenen aufzudrängen.
Die Eliageschichte zeigt aber, daß es auch in der Wüste eine Hoffnung gibt. Sie veranschaulicht diese mit dem Wacholderbusch.
Zunächst ist der Wacholder, der zur Familie der Zypressen gehört, ein dunkler Todesbaum, der auch heute noch auf Friedhöfen zu finden ist. Er steht sozusagen an der Schwelle zum Tod und zeigt noch einmal deutlich, wie nahe Elia dem Tode ist. Aber zugleich ist er ein Baum, der an der Todesschwelle die Hoffnung auf Leben wachhält. Seine aufrechte, menschenähnliche Form und seine immergrünen Nadeln sind Ausdruck der Lebenskraft mitten im Todesbereich der Wüste. Dies wird in seinen zahlreichen Namen deutlich: Quickholder, Queckholder, Weckholder, Wacholder. Dieser strauchartige Baum ist also wörtlich übersetzt ein Wachhalter, der Elia in seinem Todesschlaf wachhalten will. Schon auf altägyptischen Papyrusrollen ist der Wacholder als wichtiges Heilmittel genannt. In der

Volksmedizin war er als Mittel der Wiederbelebung wichtig; in den mittelalterlichen Pestzeiten sollte er gegen die Ansteckung schützen.

Einem Ausrufezeichen gleich signalisiert der Wacholder für Elia also beides: die Nähe zum Tod, aber zugleich auch die Hoffnung auf Rettung und Wiederbelebung. Der Wacholder in der Wüste ist so Zeichen der Hoffnung, weil er gegen alle Dürre mit seinem Grün am Leben festhält.

Wie dieses Symbol des Baumes inmitten der Wüste auch noch heute Heilung signalisiert, wird in dem Traum einer 18jährigen Klientin sichtbar. Diese junge Frau war im Prozeß ihrer Ablösung vom Elternhaus in eine Krise geraten und hatte mit Tendenzen zur Magersucht reagiert. Sie erzählt ihren Traum so:

»Ich laufe durch eine weite Wüste, doch ich habe keinen Hunger und keinen Durst. Da sehe ich einen Baum mit Früchten. Es sind aber keine Äpfel, sondern es sind gekochte und geschälte Kartoffeln, die da am Baum hängen. Darüber wache ich erstaunt auf.«

Der Traum verweist auf die Kraft, die in der Erde und deren tiefliegenden Wasserschichten liegt und die vom Baum mit seinen Früchten an das Licht des Bewußtseins gebracht wird. Auch die Kartoffeln, in manchen Gegenden als »Erd«äpfel bezeichnet, konzentrieren in sich die Fruchtbarkeit der Erde. Die Wüste dagegen symbolisiert hier die Unfruchtbarkeit, die mit der Magersucht der Klientin einhergeht. Auch ihr Körper hatte diese Unfruchtbarkeit symbolisch ausgedrückt, indem die Monatsregel ausgeblieben war. Die Fähigkeit zur Fruchtbarkeit und damit zur Mütterlichkeit – so sagt der Traum – wird vom Baum aus der Tiefe der Erde der Träumerin angeboten. Die Klientin fühlt sich vom Traum aufgefordert, diese heißen Kartoffeln zu essen und sie sich einzuverleiben, also sich die Kraft der Erde und der Mütterlichkeit anzueignen.

In der Krise wie in der Wüste ist der mütterliche, ernährende, am Leben erhaltende Aspekt der Erde nicht sichtbar, sondern unter Sand und Steinen verdeckt.

Aber der in der Wüste vorkommende Baum und Wacholderbusch zeigen, daß es tief unter der Wüste noch Wasser geben muß, das zusammen mit der Erde Leben mitten in der Wüste ermöglichen kann.

Psychologisch verstanden, signalisiert der Baum oder Busch in der Wüste, daß es auch in der Krise trotz aller inneren Leere und Verwüstung noch eine Verbindung zu den Kraftquellen der eigenen Seele gibt.

Der weitere Weg Elias führt denn auch in diese tieferen Schichten der Seele, in denen ein Zugang zu den verschütteten Gefühlen, den gebundenen Kräften und ungelebten Möglichkeiten eröffnet wird.

Wenn wir rückblickend noch einmal zusammenfassen, was das Symbol der Wüste für die Krisenerfahrung ausdrückt, läßt sich Folgendes festhalten: Die Krise führt den Betroffenen in eine Situation, die er als Endstation erlebt. Er kommt in der Krise an das Ende seiner Möglichkeiten und trifft dabei auf sich selbst als Person mit elementaren und tiefliegenden Wünschen und Sehnsüchten. Gerade aus dieser Quelle heraus kann dann die Wüste von der Endstation zur Anfangssituation werden, aus der heraus wir uns aufmachen können, um die Krise zu durchleben. Der immergrüne Wachhalter inmitten der Wüste steht dafür als Hoffnungszeichen.

Auf dem Weg – Zeit der Wandlung

*Und er legte sich hin und schlief unter dem Wachol-
der. Und siehe, ein Engel rührte ihn an und sprach
zu ihm: Steh auf und iß! Und er sah sich um, und
siehe, zu seinen Häupten lag ein geröstetes Brot
und ein Krug mit Wasser. Und als er gegessen und
getrunken hatte, legte er sich wieder schlafen. Und
der Engel des Herrn kam zum zweitenmal wieder
und rührte ihn an und sprach: Steh auf und iß!
Denn du hast einen weiten Weg vor dir. Und er
stand auf und aß und trank und ging durch die
Kraft der Speise vierzig Tage und vierzig Nächte
bis zum Berg Gottes, dem Horeb.*

1. Könige 19, 5–8

Symbole der Wandlung

Dieser Textabschnitt zeigt deutlich, was Krise letztlich
bewirken will, nämlich innere Bewegung, Wanderung,
Wandlung und Verwandlung. Die Symbole im obigen
Textabschnitt wie Schlaf, Brot, Wasser, Weg und Wanderung sind Symbole der Wandlung und beschreiben unterschiedliche Aspekte der durch eine Krise in Bewegung gebrachten seelischen Veränderung.
Wandlung ist der psychologische Begriff, der alle psychischen Veränderungs- und Reifungsprozesse in der

Entwicklung eines Menschen meint. Wandlungen und Verwandlungen sind uns besonders aus unseren Märchen bekannt. Das Reh in »Brüderchen und Schwesterchen«, der Bär in »Schneeweißchen und Rosenrot« oder der Frosch im »Froschkönig« werden zu jungen Prinzen. Im Vorgang der Ver-»Wandlung« reifen sie zu jungen, selbständigen Erwachsenen. Die Entwicklung zur Selbstwerdung und zur eigenständigen Persönlichkeit, die das ganze Leben hindurch andauert, bezeichnen wir auch als Individuation. Damit ist gemeint, daß ein Mensch im Wandel seiner Entwicklungen immer mehr zu einem ganz besonderen, eigenständigen Individuum wird.

Das Leben verlangt ständig Wandel, so daß man den zunächst widersprüchlich klingenden Satz sagen kann: »Das einzig Beständige ist der Wandel.« Dies wird auch in dem bekannten Satz des Heraklit »Alles fließt« ausgedrückt.

Auch die Seele, will sie lebendig sein, ist in ständig fließender Veränderung. Zugleich aber macht die Forderung nach Wandel auch Angst: Wohlbekanntes, heimatlich Vertrautes und Sicherheit Gewährendes müssen aufgegeben und verlassen werden. So verharren wir entgegen dem genannten Lebensgesetz des Wandels immer wieder im Erstarrten und Beharrenden.

Jede Krise aber bringt unerbittlich die Forderung zum Wandel mit sich. »Steh auf und geh« – das ist der Ruf jeder Krise. Es ist der Ruf, sich auf das ›Werden‹ einzulassen. Das Ziel dieses Weges ist die Ganzwerdung oder die Selbstwerdung. Nur wer sich dabei auf das Leben in seinem Wandel einläßt und sich dabei ans Leben verliert, wird sich auf eine neue, eben gewandelte und gereifte Weise ein Stück mehr selbst finden. Dieser Weg der Individuation kommt freilich nie an ein Ende, sondern wir bleiben immer auch unfertig, begrenzt und eingeschränkt.

Lebenskrisen sind Brennpunkte und »Schmelztiegel«, in denen in dicht gedrängter Weise Wandlungsprozesse geschehen können. Vielleicht müßte man sogar sagen, daß wesentliche Persönlichkeitsentwicklungen nur in und durch das – bildlich gesprochen und oft so erlebte – »Höllenfeuer« einer Krise geschehen.

Wie Elia nun aus der resignativen Todesmüdigkeit in Bewegung gerät, zeigt sich in den Symbolen der Wandlung, die in dem obigen Textabschnitt auffällig gehäuft vorkommen.

Der Schlaf – Wandlung im Unbewußten

Nachdem Elia seine Lebensmüdigkeit geäußert hat, erwartet er im Schlaf die Erfüllung seines Suizidwunsches. Der Schlaf soll also nicht zur körperlichen Erholung und Wiederherstellung, sondern zum Gegenteil, zum Tode führen. Hier ist der Schlaf Sinnbild des Todes, wie umgekehrt häufig der Tod als Schlaf beschrieben wird (vgl. Jeremia 51, 57 der Tod als ewiger Schlaf).

Die Nähe von Schlaf und Tod kommt im griechischen Mythos dadurch zum Ausdruck, daß hier Hypnos, der Schlaf, und Thanatos, der Tod, Brüder sind. Über die Bedeutung der Suizidalität haben wir schon gesprochen; von der Bedeutung des Todes und des Sterben-Müssens in der Krise wird im nächsten Kapitel die Rede sein.

Wie schon gesagt, steht hinter dem Schlafenwollen als Symbol für einen Suizidwunsch die Sehnsucht nach absoluter Ruhe und nach einer Klärung aller krisenauslösenden Probleme. Der Betroffene hat die Illusion, daß seine ganze Problematik mit dem Erwachen gelöst sei.

Daß in einer freilich ganz anderen Weise der Schlaf bzw. die Prozesse im Schlaf tatsächlich zur Klärung einer Krise wesentlich beitragen können, wird daran deutlich, daß dem Schlaf schon von alters her heilende Wirkung zugesprochen wurde.

Seit dem 6. Jahrhundert v. Chr. konnten sich Kranke in den Tempelanlagen des Asklepios in Epidaurus nach bestimmten Opfern und Reinigungsriten dem Tempelschlaf hingeben, um in Träumen Anweisungen oder im Schlaf direkte Heilung zu erhalten.

Auch Jakob (1. Mose 28, 10–22) erhält im Traum die entscheidenden Anweisungen und Verheißungen für sein Leben. An der Spitze der Engelsleiter sieht er Gott, der ihm Begleitung und Schutz zusagt: »Und siehe, ich bin mit dir und will dich behüten, wo du hinziehst« (Vers 15). Sozusagen »im Schlaf« wird Jakob zum Stammvater Israels.

In vielen Märchen ist der Schlaf eine wichtige Vorbereitungszeit, in der innere Reifung geschieht, bevor sich äußere Veränderungen ereignen. Das bekannteste Beispiel ist der lange Schlaf des Dornröschens, das im Schlaf zur Frau reift und erst dann von einem Prinzen erlöst werden kann.

Auch von Wissenschaftlern ist bekannt, daß sie »im Schlaf« auf Lösungen für im Wachbewußtsein unlösbare Probleme stießen.

Wie ist das zu erklären? Im Wachbewußtsein übt das Ich die Kontrolle mit Denken, Planen und logischem Erklären aus. Diese Aktivitäten vornehmlich der linken Gehirnhälfte sind dabei an die äußeren Realitäten mit all ihren Zwängen und Begrenzungen gebunden. In der Krise ist das problemlösende Denken durch die Krisenangst, Resignation und Verzweiflung so eingeengt und begrenzt, daß mögliche Lösungen und Klärungen nicht in den Blick kommen können.

Im Schlaf dagegen ist der Kontakt zur äußeren Realität abgeschnitten, so daß die Aktivität der rechten Gehirnhälfte und des Unbewußten zunimmt und dabei nicht an die äußere Realität gebunden ist. Das Unbewußte arbeitet nun nicht nach den Gesetzen der Logik, sondern mit freien Assoziationen, mit bisher unbekannten Querverbindungen, mit Bildern und Metaphern – kurz mit der Freiheit eines schöpferischen Künstlers.

Im Schlaf findet also ein Vorgang statt, der im wesentlichen dem Schaffen eines erfindungsreichen und schöpferischen Menschen gleicht. Solch ein Mensch verknüpft entgegen den üblichen logischen Regeln des Denkens in einem freien, assoziativen Suchen und in einem spielerischen, leichten Ausprobieren neue Ideen und Lösungsmöglichkeiten miteinander. Eine geeignete Lösung taucht dann meist wie ein Aha-Erlebnis sehr plötzlich, scheinbar wie vom Himmel fallend aus dem Unbewußten auf.

In einer Lebenskrise beschäftigt sich das Unbewußte im Traum immer wieder mit der Lebenssituation des Betroffenen. Im Schlaf kann nun das Unbewußte diese auf eine neue, sehr freie, assoziative Weise verarbeiten. So entstehen plötzlich neue Einfälle, Traumbilder und bisher nie gedachte Lösungsansätze, die zu einer Klärung der Krise beitragen können.

Ein Beispiel soll dies verdeutlichen. Ein 35jähriger Mann kommt mit einer plötzlich aufgetretenen Depression in Therapie. Der akute Anlaß hierfür war, daß die

Finanzierung des Eigenheimes zu scheitern drohte. Am Ende des Erstgespräches bat ich ihn, auf seine Träume zu achten. In der nächsten Sitzung schildert er folgenden Traum:

»Ich will zwei lose Seiten kopieren, doch ich weiß nicht, wie der Kopierer funktioniert. Da fällt mir ein, daß ich doch einen jüngeren Kollegen fragen könnte. Er kommt her und hilft mir. Plötzlich sehe ich, daß das Kopiergerät die beiden zu kopierenden Blätter zu einem Papierhaus zusammenfaltet. Verblüfft nehme ich dieses Papiermodell eines Hauses aus dem Kopiergerät.«

Dem Klienten ist die Botschaft des Traumes spontan klar: Er soll seinen jüngeren Kollegen wegen der Hausfinanzierung fragen. Der Klient tut dies am Tag nach dem Traum, obwohl er sich davor immer gescheut und dem Kollegen die Kompetenz hierfür abgesprochen hatte. Nach einigen Gesprächen mit dem Kollegen kann der Klient seine finanzielle Situation zunächst klären.

Über den aktuellen Hinweis hinaus macht der Traum dem Klienten klar, daß es sinnvoller sein kann, sich Hilfe zu holen, statt wie bisher entsprechend seiner alten Lebensmethode möglichst alles allein durchzukämpfen.

Der Traum zeigt dem Klienten mit einem sehr einprägsamen und ungewohnten Bild einen bisher noch unbeschrittenen Lösungsweg auf.

So bedeutet der Schlaf zwar größte äußerliche Inaktivität, Passivität und ein Zurruhekommen, innerlich aber eine große Aktivität, die zu einer schöpferischen Wandlung im Inneren des Betroffenen beiträgt.

Krisenbewältigung heißt deshalb gerade nicht hektisches Handeln in der äußeren Lebenssituation, sondern die Hinwendung ins Innere, wie dies im Symbol des Schlafes ausgedrückt wird. Ist das Agieren des Betroffenen von Angst bestimmt, so kann die Hinwendung zu den schöpferischen Potientialen des Unbewußten die Krisensituation beruhigen. Genau das aber ist die Voraussetzung für eine gelingende Krisenbewältigung.

Nachdrücklich zeigt uns dies auch die Geschichte von Jesus, in der er den Sturm stillt (Markus 4, 35–41): Während die Jünger sich vor dem Sturm ängstigen, überläßt sich Jesus dem Schlaf im Boot. Dem Sturm als Bild der Krise und Katastrophe begegnet Jesus nicht mit äußerer Aktivität und groß angelegten Manövern, sondern mit äußerer und äußerster Inaktivität, eben dem Schlaf. Es bleibt ihm dann noch Zeit genug, mit einem machtvollen Wort in der äußeren Realität dem Sturm Ruhe zu gebieten.

Wenn wir uns im Durchleben einer Krise den Kräften unserer Seele und deren Unbewußtem, also bildlich gesprochen der Ruhe des Schlafes überlassen, kann wirkliche Veränderung, nämlich innere Wandlung geschehen. Diese ist die Voraussetzung dafür, daß wir dann in unserer konkreten Lebenssituation hilfreiche Veränderungen vornehmen können.

Entscheidende Wandlung geschieht häufig nicht durch angestrengte Aktivität, sondern im Loslassen des eigenen Handelns. Eine solche tiefgreifende, aus der Ruhe kommende Veränderung ist etwas, was wir nicht selbst bewirken können, sondern was uns geschenkt wird.

Eine Reifung kann auch nicht durch eine Psychotherapie hergestellt werden, sondern sie geschieht mit Hilfe des Psychotherapeuten letztlich aus der Tiefe der Seele. Entwicklung braucht die Zeit eines allmählichen Wachsens und Reifens – dann allerdings geschieht sie aus sich selbst heraus, automatisch, wie es im neutestamentlichen Gleichnis von der selbstwachsenden Saat beschrieben wird (Markus 4, 23–26). Diese tiefe Wahrheit ist auch in dem bekannnten Psalmwort »den Seinen gibt es der Herr im Schlaf« (Psalm 127, 2) ausgedrückt. Alles Gelingen, auch das seelische Wachsen, ist im Verständnis des Psalmisten letztendlich ein Geschenk Gottes.

Der Engel – Bote des Lebens

Besonders in späteren Traditionen wird der Engel als ein Wesen aus einer geistigen, jenseitigen Welt gesehen. Vielfach ist er selbst das Symbol des Geistes. Diese vergeistigte Auffassung liegt dem Alten Testament fern. Zudem ist der Engel bei Elia ausdrücklich ein Engel des Herrn (vgl. Vers 7). Die wörtliche Übersetzung des hebräischen Wortes für Engel heißt »Bote, Gesandter«.

Was tut nun der Engel für Elia? Er findet den Lebensmüden in der Wüste und weckt ihn auf. Mit dem Ruf »Steh auf und iß« ruft er ihn wieder ins Leben zurück. Doch eine einmalige Aufforderung, ins Leben zurückzukehren, reicht nicht aus. Vielmehr scheint es, als wolle Elia sich nicht aus dem Schlaf reißen lassen.

Die Parallele ist verblüffend: Ganz Ähnliches geschieht, wenn ein Mensch gefunden wird, der sich mit Schlafmitteln umzubringen versuchte. Das Zurückrufen ins Leben wird von dem Suizidanten meist als sehr unangenehm und schlimm erlebt, weil er damit aus dem Paradies des Schlafes gerissen wird. Die Sehnsucht nach dem Weiterschlafen ist nach einem Suizid sehr groß. Auch Elia schläft ein zweites Mal ein.

Viele Menschen schlafen nach einem mißglückten Suizidversuch sehr viel und tun nun das, was eigentlich hinter ihrem suizidalen Wunsch stand: Sie nehmen sich die Ruhe und gönnen sich die heilsame Wirkung des Schlafes.

In der akuten Suizidnachsorge ist dieser Wunsch nach Schlaf unbedingt zu respektieren. Dennoch bedarf es großer Achtsamkeit, daß der Impuls der Krise und des Suizidversuches nicht »verschlafen« wird. Menschen nach einem Suizidversuch haben die starke Tendenz, die Hintergründe des Suizidversuches zu verdrängen und so weiterzuleben, als hätte es die Krise und den Suizidversuch gar nicht gegeben. Sie versäumen damit die Chance, der eigentlichen Krise auf den Grund zu gehen und die dahinterstehenden ungelösten, meist unbewußten Konflikte aufzuarbeiten. Sie sind oft nur kurze Zeit nach dem Suizidversuch auf die dahinterliegende Problematik anzusprechen. Deshalb ist es nötig, wie es der Engel tut, den Betroffenen erneut zu wecken und ihn behutsam aufzufordern, seiner Krise auf den Grund zu gehen, sie zu durchleben und durchzuarbeiten.

Wichtig bei diesem Ruf »Steh auf und iß« ist, daß der Ruf ins Leben nicht allein steht. Vielmehr bietet der Engel dem erwachten Elia Nahrung an. Das ist für die Begleitung eines Menschen nach einem Suizidversuch sehr wichtig: Das Zurückholen ins Leben allein genügt nicht! Dem Betroffenen muß Nahrung, das heißt helfende Begleitung und stärkende Nähe angeboten werden.

Der Engel tritt also der Suizidabsicht des Elia entgegen und hilft ihm durch stärkende Nahrung, eine Alternative zum ersehnten Sterben zu entdecken.

Damit hat der Engel in diesem Zusammenhang die

Funktion eines Schutzengels, wie sie im Alten Testament wiederholt deutlich wird. So ruft ein Engel des Herrn die verstoßene, kurz vor dem Tod durch Verdursten stehende Magd Abrahams aus der Wüste zurück (1. Mose 16, 7). Der Engel des Herrn tritt dem Seher Bileam in den Weg und bringt ihn von dessen unheilvoller Absicht ab (4. Mose 22, 22 ff.). Der Engel tritt in diesen Gefahrensituationen so auf, daß er die Betroffenen von deren gefährlichem Weg abbringt und sie vor dem Verderben schützt. Der Engel ist die Stimme Gottes, die den Menschen ins Leben zurückruft. Er ist damit ein Bote des Lebens, der den Menschen in Gefahr behütet und beschützt.

Dieser Schutzengel ist für Eltern und Kinder auch heute in einer entzauberten, säkularisierten Welt noch sehr wichtig. Das zeigt, wie tief das Symbol des Schutzengels in unserer Seele verankert ist.

Psychologisch verstanden ist der Engel die liebevolle und fürsorgliche Elternstimme, die das Kind auf seinem Weg durch die Welt vor Gefahren schützt und warnt. Diese innere Stimme ist die Präsenz der Eltern im Kind. So kann das Kind Vertrauen und Sicherheit entwickeln, auch wenn die Eltern nicht anwesend sind. Für die Entwicklung eines Kindes ist die Verinnerlichung einer solchen fürsorglichen und behütenden Stimme von großer Bedeutung. Fehlt diese innere Stimme oder ist diese dem Kind gegenüber nur negativ, kritisch und abwertend, wird das Vertrauen des Kindes in sich selbst, in das Leben und in andere Menschen stark behindert. Der so aufgewachsene Mensch wird auch später Krisen nur schwer bewältigen können.

Glücklicherweise hängt dieser innere Schutzengel nicht allein von der persönlichen Entwicklung eines Menschen ab. Vielmehr ist die schützende innere Stimme ein uralter, tief verwurzelter Teil unserer Seele, der zu den unbewußten Idealbildern von der guten Mutter und dem guten Vater gehört. Als überindividuelle, in der Menschheitsgeschichte entwickelte innere Stimme ist sie in jedem Menschen angelegt. Die Frage ist dann nur, ob wir es gelernt haben, sie zu hören, ernstzunehmen und zu befolgen. In Krisen kommen wir häufig, weil wir diese innere Stimme immer wieder übergangen haben. Krisenbewältigung kann gelingen, wenn wir bereit sind, unsere Stimme wieder zu achten und uns ihrer Führung anzuvertrauen.

Brot und Wasser – Stärkung für die Wandlung

Brot und Wasser als zwei zentrale und universale Symbole haben einen sehr großen Bedeutungsgehalt. Welchen Sinn haben nun diese beiden Symbole im Wandlungsprozeß einer Lebenskrise?

Brot ist das elementare Grundnahrungsmittel überhaupt. Es ist in einem wörtlichen Sinne Lebensmittel, also ein Mittel, das Leben am Leben erhält. So verwundert es nicht, daß das Brot auch in einem universalen, vergeistigten Sinne als Himmelsspeise Anteil an Unsterblichkeit gibt (vgl. das Manna für die Israeliten in der Wüste 2. Mose 16, 14f.). Ganz deutlich wird dies in der Brotrede Jesu im 6. Kapitel des Johannesevangeliums. Dort heißt es in Vers 48 und 51: »Ich (Christus) bin das Brot des Lebens.« »Dies ist das Brot, das vom Himmel kommt, damit, wer davon ißt, nicht sterbe.« Im Brot werden dem Menschen die Wachstums- und Reifungsprozesse und damit die Kraft des Lebens durch den Verzehr zugänglich. Das Brot selber ist in seinem Zustandekommen das Ergebnis eines Wandlungsprozesses. Darauf verweisen auch alte Mythen und Kulte, in denen das rituelle Backen und Opfern des Brotes eine zentrale Rolle spielen. Davon ist im Märchen von »Frau Holle« noch etwas erhalten. Auf dem Entwicklungsweg des Mädchens zur Goldmarie muß sie das fertig gebackene Brot aus dem heißen Ofen holen.

Der Entstehungs- und Wandlungsprozeß des Brotes beginnt schon bei dem Weizenkorn, das in die Erde fällt, stirbt und auf diese Weise viel Frucht bringt (vgl. Johannes 12, 24). Die nächste Veränderung geschieht durch das Mahlen des Getreides zu Mehl und durch das Kneten des Teiges. Zum eigentlichen Brot wird der Teig durch das Backen in der Hitze. Feuer und Hitze sind wiederum Bilder der Wandlung, weil durch sie Veränderungsprozesse wie Schmelzen oder Garwerden bewirkt werden.

In 1. Könige 19, 6 wird im hebräischen Urtext ausdrücklich darauf hingewiesen, daß das Brot für Elia »auf glühenden Steinen gebacken« wurde. Der Aspekt der Wandlung des Brotes durch Hitze und Glut wird also besonders betont. Hier liegt die Assoziation nahe, daß dann auch Elia durch die Hitze und Glut der Wüste zur Wandlung gebracht wird.

Weil das Brot selbst in Wandlungsprozessen entstanden ist, vermittelt es Elia die innere Kraft zur Veränderung. Indem Elia das Brot durch Verzehr in sich aufnimmt, wird er fähig, sich auf seinem Weg selbst zu wandeln. In Vers 8 heißt es dann, daß Elia »durch die Kraft der Speise« bis zum Berg Horeb geht.

Schon einmal hatten Brot und Wasser dem Propheten

das Leben gerettet (1. Könige 17). In der Zeit der Dürre hatte die Witwe Zarpat ihm Brot gebacken und Wasser gereicht. Durch ein Wunder gingen die Mehlvorräte der Witwe nicht zur Neige. Gott schenkt damit Elia im Brot ganz konkret und direkt die Kraft zum Weiterleben in lebensbedrohlicher Lage.

Kraft zur Veränderung ist gerade in einer Lebenskrise von zentralster Bedeutung, denn ohne sie würde der Betroffene in der Wüste der Verzweiflung und Resignation, also in tödlichem Stillstand verharren. Dagegen sind Leben und Lebendigkeit bis hinein in die letzte Zelle des Körpers durch ständige Wandlungs- und Veränderungsprozesse bestimmt.

Noch ein weiterer Bedeutungsaspekt des Brotes im Zusammenhang mit den Lebenskrisen ist wichtig. Brot wurde in Israel immer als Gabe Gottes (2. Mose 16, 1–36; Psalm 104, 14 u. ö.; vgl. insbesondere die Abendmahlsbitte »Unser tägliches Brot gib uns heute« Matthäus 6, 11) und damit als Zeichen der liebenden Zuwendung und Fürsorge Gottes zum Menschen verstanden. Mit dem Geschenk des Brotes als Zeichen der Liebe tut Gott dem Menschen etwas Gutes.

Wird einem Kind dagegen Nahrung nur als Ersatz für liebende Zuwendung gegeben, entstehen später schwere Störungen wie zum Beispiel die Magersucht junger Frauen. Diese Erkrankung ist unter anderem der Ausdruck dafür, daß das Kind nur Brot statt Liebe erhalten hat.

Für Elia dagegen ist die Gabe des Brotes auch ein Zeichen dafür, daß Gott ihm auch in der Krise weiterhin liebend nahe ist. Dieses Zeichen der weiteren Zuwendung Gottes zu Elia mag ihm Kraft zum Aufbruch aus der Wüste gegeben haben.

Schließlich hat nicht nur das Brot, sondern auch die Liebe die Kraft der Wandlung in sich.

Deshalb brauchen Menschen in der Krise behutsame und liebende Zuwendung. Sie erst ist wirklich nährendes, Leben stiftendes Brot, das den Betroffenen Kraft zur Veränderung gibt. Zur liebevollen Begleitung in einer Lebenskrise gehört, daß wir uns in die Krisenlandschaften des anderen einfühlen und ihn als Person mit seinen Gefühlen achten. Aber auch Ausdauer und Geduld sind vonnöten, denn seelisches Wachstum braucht seine Zeit.

Das andere Lebensmittel, das Elia Kraft zum Weitergehen schenkt, ist das Wasser, der Urstoff allen Lebens. Das Wasser, als altes Menschheitssymbol verstanden, ist in seiner Bedeutung doppeldeutig, nämlich lebenspendend und in seiner zerstörenden Kraft wie zum Beispiel in der Sintflut lebenvernichtend.

Hier bei Elia in der Wüste wird das Wasser als Gegensatz zum Leblosen der Wüste positiv als Wasser des Lebens gesehen. Aus dem Wasser entstand und entsteht das Leben, so wie zum Beispiel der Embryo aus dem Fruchtwasser des Mutterleibes. Von daher gehört es mythologisch zum Vorstellungskreis der Großen Mutter, aus deren Schoß alles Leben kommt.

Die lebenstiftende Kraft des Wassers wird im Alten und Neuen Testament als Symbol immer wieder aufgegriffen. Einige wenige Beispiele seien hier genannt: Die vier Ströme des Paradieses entspringen am Lebensbaum und verleihen dem Paradies seine Fruchtbarkeit (1. Mose 2, 10–14). In der Vision des Hesekiel vom neuen Tempel wird aus diesem ein wunderbarer Strom entspringen, der sogar dem Toten Meer wieder Leben geben wird (Hesekiel 47, 1–12); dieses Motiv wiederholt sich dann im letzten Buch der Bibel, der Johannesoffenbarung (Offenbarung 22, 1 ff.). Als das Volk Israel in der Wüste am Verdursten war, schenkte Gott ihm am Horeb Wasser aus dem Fels (2. Mose 17, 1–7).

Bei Jesaja wird Gott in der zukünftigen Heilszeit die Wüste durch Bewässerung in blühende Gärten verwandeln, so heißt es zum Beispiel Jesaja 35, 1 und 7: »Die Wüste und das trockene Land sollen sich freuen, die Steppe soll jubeln und blühen. Sie soll prächtig blühen wie ein Lilie, jubeln soll sie, jubeln und jauchzen. In der Wüste öffnen sich Quellen und Bäche fließen in der Steppe.« In Psalm 1 wird der gottesfürchtige Mensch mit einem fruchtbaren Baum an Wasserbächen verglichen. Jesus will dem Menschen das Wasser des Lebens schenken, das nie mehr aufhören wird zu fließen (Johannes 4, 14; 7, 37 und Offenbarung 22, 17).

Immer wieder geht es darum, daß mit dem Wasser sinnerfüllte Lebendigkeit und Leben aus tiefster Sinnhaftigkeit, im biblischen Sprachgebrauch »Ewiges Leben und Heil«, geschenkt werden.

Auch in einer Lebenskrise geht es um diese mit dem Wasser des Lebens gestiftete Sinnhaftigkeit. War die Wüste Symbol für die Sinnleere, so wird hier das Wasser Symbol für Sinnerfüllung. Das ist es, was der Mensch in der Krise braucht: Er muß die Möglichkeit eines Lebenssinnes wieder »schmecken« und auf der Zunge spüren können. In der akuten Krise genügen Elia wenige Schlucke davon, um diese Möglichkeit zumindest wieder ahnen zu können und sich dann auf das Wagnis der inneren Veränderung einzulassen.

Wie sehr Menschen besonders in einer Verlustkrise von diesem Wasser des Lebens abgeschnitten sind und wie sehr sie dieses Wasser brauchen, zeigt folgender Traum einer 50jährigen Frau, die sich durch den Verlust ihres Mannes und durch die Ablösung ihrer Kinder vom Leben abgeschnitten fühlt:

»Ich bin in meinem Haus. Plötzlich kommen drei Männer unangemeldet – es sind Handwerker. Sie wollen die Wasserleitung, die durch den Garten zum Haus führt, reparieren. Ich weiß, daß sie kaputt ist und der Garten bald vollends vertrocknen wird. Ich bin empört, daß die Männer zur Reparatur der Leitung kommen, obwohl ich sie nicht bestellt habe. Ich sage zu ihnen, daß das nicht gehe. Die Männer gehen wieder. Da renne ich ihnen nach und will sie zurückholen. Doch das gelingt mir nicht mehr.«

Die Frau erkennt im Gespräch, daß sie sich in ihrer Trauerkrise fast gänzlich von der Umwelt und damit auch vom Leben abgeschnitten hatte. Zunächst war dies für sie auch notwendig und entspricht dem üblichen Verlauf des Trauerprozesses. Je länger je mehr hatte sie sich im Rückzug aber auch von der Lebendigkeit des Wassers abgeschnitten und ihr Leben sinnleer bleiben lassen. Sie hatte die Bemühungen ihrer Freunde und Bekannten als »unangemeldetes« Eindringen verstanden, jedoch kaum auch als Angebot der Hilfe bzw. der Möglichkeit, wieder Kontakt zur äußeren Lebenswelt zu finden.

Zugleich wird in dem Traum deutlich, daß für die Klientin in der Trauerkrise der Zugang zu ihrer eigenen Lebendigkeit unterbrochen war. Die »Leitung« zu den eigenen Quellen der Lebendigkeit, der Spontaneität und der Lebensenergie brachte kein Wasser mehr, so daß der Garten ihrer Seele zur Wüste werden mußte.

Die drei Männer sind wie in unserer Eliageschichte

Engel, also Boten des Lebens. Die Parallele zu den drei Männern, die dem alten Abraham und der unfruchtbaren Sarah neues Leben verheißen (vgl. 1. Mose 18, 1–15), fällt ins Auge. Sie stellen das Göttliche in der Tiefe der eigenen Seele dar.

Im Gespräch erkennt die Klientin, daß diese göttlichen Boten in ihr ebenso noch anwesend sind wie die Quellen des Lebens. Sie versteht den Traum als Aufforderung, diese Boten in der eigenen Tiefe zu entdecken, sie einzuladen und hereinzulassen, damit ihr eigener Zugang zur Quelle wieder für das Wasser des Lebens durchlässig werden kann. Nur so wird ihr Garten, sprich ihre eigene Seele, nicht weiter vertrocknen. Der Traum macht ebenso wie die Eliageschichte deutlich, wie wichtig in der Krise solche »Engel« sind. Dies können Freunde, Berater, Psychotherapeuten oder Seelsorger sein. Vielleicht ist es aber auch unsere innere Stimme, die uns, einem inneren Engel gleich, Wege zu Wasserquellen zeigt. Immer wieder geht es in der Krisenbewältigung darum, daß uns der Zugang zu den verschütteten Quellen in der Tiefe unserer Seele eröffnet wird.

Dort, wo Wasser fließt, gerät etwas in Bewegung, wird Veränderung und Wachstum möglich. Nicht nur seine eigene Gestalt verändert das Wasser ständig, sondern auch dort, wo es strömt, verändert es ganze Landschaften.

Im Gegensatz zu dem Erstarrten, dem Festen und Ausgetrockneten ist das Wasser das Symbol des sich ständig Wandelnden und Verändernden. Vor allem fließende Gewässer und deren Ursprung, die Quelle, sind Ausdruck der schöpferischen und verwandelnden Kraft, die der Erde innewohnt. Wie das Wasser in ständiger

Bewegung und Veränderung seine Kraft entfaltet, so gibt normalerweise die Energie der Seele, die sogenannte Libido, dem Menschen die Fähigkeit, das Leben zu meistern. Fließendes Wasser ist somit auch Symbol für die Energie und Dynamik unserer Seele.

Wer die wandelnde Kraft des Wassers wie Elia in sich aufnimmt, wird zugleich geheilt. So ist das Wasser auch Heilmittel, wie das Märchen »Das Wasser des Lebens« zeigt. Dort wird der todkranke König durch das Wasser des Lebens, das ihm sein jüngster Sohn aus einem verwunschenen Schloß holt, geheilt. An vielen Heilquellen wird vom Wasser eine Heilung oder mindestens eine Linderung des Leidens erwartet. Heilende Wirkung wurde auch dem Wasser des Teiches Betesda zur Zeit Jesu zugesprochen (Johannes 5, 1 ff.).

Hier wird deutlich, daß Heilung und Wandlung sehr eng zusammenhängen. Krise und Krankheit sind unbewußte Aufforderungen, sich zu wandeln. Wer diese Aufforderung hört, ist mit seiner Wandlung auf dem Weg der Heilung und Gesundung.

Elia nimmt mit Brot und Wasser zwei zentrale Elemente der Wandlung in sich auf und erhält so genügend Kraft, sich auf den Weg durch seine Krise einzulassen, »denn er hat einen weiten Weg vor sich« (vgl. 1. Könige 19, 7).

Unterwegssein in der Krise

Hilfreiche Nahrung im Durchleben einer Krise ist also alles, was die innere Wandlung des Betroffenen fördert. Elia kann sich nun auf diese Wandlung einlassen: »Da stand er auf, aß und trank und wanderte, durch diese

Speise gestärkt, vierzig Tage und vierzig Nächte bis zum Gottesberg Horeb.«

Der Weg ist das Grundsymbol für die Wandlungen, die in jedem Menschenleben nötig sind.

Dieses Symbol liegt vielen Märchen zugrunde: Der Held oder die Heldin macht sich auf den Weg und eine lange Reise, um Aufgaben zu lösen und Abenteuer zu bestehen mit dem Ziel eines neuen glücklichen Lebens. Zu diesem Weg gehören ganz unterschiedliche Wegabschnitte mit Höhen und Tiefen, gehören Irrwege, Abwege und Umwege – doch im Märchen führen sie alle letztlich zum Ziel, weil der Held und die Heldin sich mit ihrer ganzen Existenz darauf einlassen. Gerade diese zunächst unverständlichen Irrwege und Umwege sind es, die zur Entwicklung beitragen.

Auf diesem Reifungsweg sind Abschiede, Trennungen und Verluste zwar schmerzlich, aber doch nötig, weil der Held dafür an Reife und innerer Entwicklung gewinnt.

Dabei ist nicht das Ziel als solches wichtig, sondern schon das Unterwegssein, die Be»weg«ung selbst, insofern Bewegung Lebendigkeit und Leben ausdrückt. Um diesen Gewinn eines »bewegten« Leben geht es, ein Leben, das als Reise, als ständiges Unterwegssein durch Höhen und Tiefen führt.

Da Krisen häufig Bewegung in festgefahrene Beziehungen und Lebensgewohnheiten bringen, fordern sie zum Aufbrechen auf. Krisen können daher am Beginn eines neuen Weges stehen, sie leiten den Exodus ein – den Auszug aus unbeweglichen, erstarrten und damit lebensfeindlichen inneren oder äußeren Strukturen. Krisen können so als der Ruf heraus aus leidenmachenden Situationen verstanden werden. Krisen bringen den Betroffenen damit auf den Weg der Wandlung. Dabei ist für ihn das Ziel des Weges noch nicht sichtbar. Das macht den Aufbruch aus der Krise auch so schwer.

Eine Klientin, die in einer schweren Trauerkrise wieder erste Schritte tut, träumt folgendes:

»Es wird plötzlich dunkel. Ich fahre auf einem Weg. Ich muß mich anstrengen im Dunkeln. Nur mit Mühe kann ich die Fahrspur halten, indem ich den Rücklichtern des Vordermannes folge. Ich habe Angst, daß ich einen Unfall mache; auf der Gegenfahrbahn gibt es laufend Unfälle. Aber ich komme irgendwie voran, obwohl ich nicht weiß, wohin es geht. Ganz verspannt und angestrengt wache ich auf.«

Der Weg in und durch die Krise ist wie in diesem Traum ein ständig bedrohter und gefährdeter Weg. Dazu kommt, daß Betroffene in dieser Phase das Ziel und den Sinn des Unterwegsseins noch nicht sehen können. Die Träumerin stellt im anschließenden Gespräch dennoch mit Erstaunen fest, daß sie irgendwie, fast automatisch, voran kommt. Die ersten Schritte auf dem Weg in der Krise sind oft nicht bewußt oder gar gezielt, vielmehr folgt der in die Krise geratene Mensch seinem Unbewußten. Betroffene berichten häufig, daß sie gar nicht mehr wissen, wie sie diese ersten Schritte auf dem Weg aus der Krise getan haben und woher sie die Kraft dazu genommen haben.

Das Durchleben einer Krise gleicht dem Weg durch vierzig Tage und vierzig Nächte. Hellere und dunklere, leichtere und schwerere Abschnitte wechseln dabei ab. Der Weg durch die Krise ist also alles andere als eine geradlinige, gleichförmige Entwicklung. Vielmehr ist es eine Entwicklung voller Höhen und Tiefen, voller Irrungen und Wirrungen. Hoffnungsvolle Aufbrüche wechseln sich ab mit tiefen Einbrüchen, lichte Augenblicke werden wieder verfinstert durch neue Nächte.

Dabei aber ist mit der Zahl »vierzig« wiederum ein Symbol der Wandlung aufgenommen. Die »vierzig« bezeichnet in der Bibel einen Zeitraum, in dem sich eine tiefgreifende, zur Erneuerung drängende Veränderung vorbereitet und durchsetzt. So taucht nach vierzig Tagen aus der Sintflut eine erneuerte Welt auf (1. Mose 6–9); das Volk Israel ereicht nach vierzigjähriger Wüstenwanderung das gelobte Land.

In dem mit der Zahl »vierzig« verknüpften Zeitraum geschieht trotz aller Höhen und Tiefen ein Fortschreiten in Richtung einer Veränderung hin zum Guten.

Dies freilich ist für den Betroffenen im ständigen Auf und Ab einer Krise kaum zu sehen. Er erfährt dies eher als eine ständige Wiederholung von Hoch und Tief ohne Hoffnung auf ein Ende dieser schweren Zeit.

Wer einen Menschen in dieser schweren Zeit begleiten will, darf nicht versuchen, den Betroffenen zu Entscheidungen zu drängen oder ihn mit Ratschlägen zu überfordern. Begleitung heißt hier, einfach mitzugehen, da zu sein und mit dem Betroffenen die Situation auszuhalten in dem Wissen, daß er dadurch am besten seinen eigenen Weg durch die Krise finden wird. Das ist für den Begleiter nicht leicht, weil er vielfach glaubt, daß der Betroffene erneut stürzen oder den Weg nicht finden könnte. Der Begleiter steht auch in der Gefahr, in das wiederholte, scheinbar endlose Auf und Ab der Krise mit Ratschlägen und mit direkten Hilfsangeboten einzugreifen, damit aber den Wandlungsprozeß zu stören.

Im obigen Traum aber kommt diese innere, fast traumwandlerische Sicherheit zum Ausdruck, mit der der Betroffene seinen Weg beginnt. Dies ist nur zu verstehen, wenn wir wissen, daß der in die Krise geratene Mensch damit seinen eigenen inneren, zur Individuation nötigen Weg geht.

Die Geschichte Elias zeigt uns, daß wir auch in der Krise darauf vertrauen können, den für uns und nur für uns angemessenen Weg zu entdecken, auch wenn zu Beginn des Weges noch kein Ziel erkennbar ist. Es gibt diesen Engel, der uns sagt »Steh auf und iß«, es gibt diesen Engel, der Wasser und Brot reicht für den weiten Weg durch die Krise.

Die Höhle –
Begegnung mit der Tiefe des Lebens

Und er kam dort in eine Höhle und blieb dort über Nacht. Und siehe, das Wort des Herrn kam zu ihm: Was machst du hier, Elia? Er sprach: Ich habe geeifert für den Herrn, den Gott Zebaoth; denn Israel hat deinen Bund verlassen und deine Altäre zerbrochen und deine Propheten mit dem Schwert getötet, und ich bin allein übriggeblieben, und sie trachten danach, daß sie mir mein Leben nehmen.

1. Könige 19, 9–10

Der Abstieg in die Tiefe

Der Held oder die Heldin muß nun das entscheidende Abenteuer bestehen. Der Abstieg in die Tiefe gehört in vielen mythischen Überlieferungen zum Entwicklungs- und Reifungsweg des Helden. Entweder ist es das aktive, kämpferische Eindringen des Helden in den Bauch des Ungeheuers oder aber das Verschlungenwerden von diesem Ungeheuer.

In der Krise gleicht der Abstieg meist einem Verschlungenwerden in das Gefühlschaos von Angst, Scham, Trauer, Schmerz, Hoffnungslosigkeit und Resignation. Die Krise entwickelt in dieser Phase einen starken Sog, so daß der Betroffene häufig kaum eine andere Wahl hat, als sich auf die eigene Tiefe einzulassen. Freilich ist dies mit viel Angstabwehr und Widerstand verbunden. Eine Klientin beschreibt dies so: »Wenn ich mich ganz meinen Gefühlen (von Niedergeschlagenheit und Passivität, der Verf.) ausliefere, habe ich Angst zu versinken.« Auf meine Frage, was dann geschehe, antwortet sie: »Ich stelle mir vor: Ich sinke in die Erde. Da löse ich mich ganz auf und dann ist nichts mehr. Ich komme da dann nicht mehr raus. Aber irgendwo kann ich mich auch nicht mehr dagegen wehren.« Die Klientin hat Angst davor, ihren Gefühlen auf den Grund zu gehen. Dazu wäre es nötig, dem Sog in die Tiefe nachzugeben und sich in Begleitung des Beraters mit diesem Aspekt ihrer Krise auseinanderzusetzen.

Psychologisch verstanden entspricht der äußere Weg des Helden in die Höhle dem Weg des Menschen in sein Inneres und damit in sein Unbewußtes. Die Krise verlangt von uns geradezu, daß wir »in uns gehen« und »uns auf den Grund gehen«.

Wie der Held in den verschiedensten mythischen Überlieferungen wird auch der einzelne in seiner eigenen Tiefe unbekannten und bedrohlichen Wesen begegnen. Die Auseinandersetzung mit diesen Inhalten ist die wesentliche Aufgabe bei diesem als Prüfung verstandenen Abstieg. Die Prüfung liegt also darin, die Begegnung mit der eigenen Tiefe und dem eigenen Abgrund zu wagen. Wer diese Prüfung bestanden hat – so die Vorstellung in vielen Mythen –, der braucht auf dieser Welt nichts mehr zu fürchten.

Gerade deshalb aber erscheint der Abstieg in die eigene Tiefe erschreckend. Und dennoch: Er ist nötig, in der Krise sogar lebensnotwendig, um die unbewußten Festlegungen, Begrenzungen und Hemmungen zu erkennen, die allererst in die Krise geführt haben.

Die Krise hat diesen Sinn, daß sie uns zur Begegnung mit der eigenen Tiefe führt. Sie führt uns zu Aspekten unserer Persönlichkeit, die wir nicht wahrgenommen haben, zu Inhalten unseres Unbewußten, die wir nicht zugelassen haben.

Das sind zum einen die Schattenseiten unserer Person, zum anderen bisher unentdeckte Potentiale unserer Persönlichkeit, schließlich aber auch überindividuelle, tief verankerte Kräfte in unserer Seele, die wir bisher verachtet haben.

Zum Anschauen und Annehmen dieser vernachlässigten Seiten unserer Seele fordert uns eine Lebenskrise auf.

Der Weg geht also von der äußeren krisenauslösenden Situation ins Innere und erst dann wieder hinaus, wo wir dann konkrete Veränderungsschritte unternehmen können. Zunächst aber müssen wir unsere eigene Tiefe kennenlernen, uns selbst auf den Grund gehen und uns auch in unseren Schattenseiten annehmen.

In unserem alttestamentlichen Text wird die Höhle und die damit zusammenhängende Krisenphase des Elia nur sehr kurz und wie nebensächlich erwähnt. Dennoch geschieht in der Höhle mit Elia eine wesentliche Veränderung, die Elia für die Begegnung mit Gott vorbereitet. Der nächtliche Schlaf in der Höhle ist zudem auch in anderen mythischen Überlieferungen eine wichtige Station auf dem Entwicklungsweg des Helden.

Eine ausführlichere Beschreibung dessen, was beim Aufenthalt in der Höhle mit Elia geschieht, war für Israeliten nicht möglich, denn dies hätte an die von Elia so bekämpften Elemente der kanaanäischen Religion erinnert, wonach Baal in jedem Winter in die Unterwelt hinabsteigt. So bleibt es bei der zurückhaltenden Andeutung, daß Elia eine Nacht lang in der Höhle verweilt.

Die Bedeutung der Höhle wird hier und in anderen Stellen des Alten Testaments entmythologisiert. Dabei aber gehen wichtige Aspekte dieses Symbols für uns heutige Menschen verloren. Für unsere Absicht, die Struktur einer Krisenerfahrung aufzuzeigen, ist es nötig, diesem Symbol der Höhle genauer nachzugehen.

Paradoxerweise muß gerade Elia in den Bereich der Wirklichkeit absteigen, den er äußerlich in seinem Widerstand gegen die kanaanäische Religion so bekämpft. Was er im Bewußtsein auszuschalten versucht, das bleibt in der Tiefe als Gegenkraft und als Unruheherd virulent und lebendig. Elia als der einseitige Vertreter einer männlichen Wirklichkeit und eines patriarchalischen Glaubens bedarf gerade des Eintauchens in den mütterlichen Schoß der Erde. Das Bild von der Höhle gehört in matriarchalische Überlieferungen, in denen das Wissen um die Bedeutung der Mutter nicht geleugnet oder verdrängt wurde. Das Unbewußte läßt Einseitigkeiten zugunsten der männlichen Seite und des Bewußtseins nicht zu, sondern führt Elia in die Krise, um auf eben dieses Ungleichgewicht in der Seele aufmerksam zu machen.

Auch christliche Traditionen teilen die genannte Einseitigkeit weitgehend. Nur in der ostkirchlichen Tradition spielen die Höhlen für den Glauben eine nicht unwesentliche Rolle: Sie sind hier Schauplätze der Geburt Jesu und seiner Taufe.

Hier stoßen wir nun wieder auf die negative, bedrohende Seite der Wirklichkeit, vor der Elia am Beginn seiner Krise fliehen wollte. Doch Elia kann diesem Aspekt letztlich nicht ausweichen. Nun aber – gestärkt durch Wasser und Brot – kann er sich darauf einlassen. Er kann nun in den Rachen des Todes – ein zentraler Aspekt des Höhlensymbols – hinabsteigen.

Bewältigung von Krise heißt, sich dieser Seite einer Lebenskrise zu stellen. Dies ist so bedrohlich, weil der Ausgang dieses Abstieges durchaus tödlich enden kann. In der Krise wird die eigene Tiefe oft als ein verschlingendes Chaosmeer (vgl. die Sintflut in 1. Mose 6) erlebt. Die Betroffenen befürchten bei dem Verschlungenwerden eine Auflösung und ein Sterben der ganzen Person.

Eine Klientin, die durch eine tiefe Lebenskrise an den Rand einer schweren Psychose getrieben wurde, schreibt in ihrem Tagebuch: »Bevor ich sterbe (durch Suizid, der Verf.), möchte ich das weite endlose große Meer sehen. Ich höre das tosende Meer. Ich komme zu Euch, ihr kleinen und großen Wellen.« Hier wird die anziehende, todbringende Faszination des Meeres ebenso deutlich wie der nicht zu leugnende Tatbestand, daß mißlingende Krisenbewältigung im Suizid oder in der Auflösung der Persönlichkeit in der Psychose enden kann.

Die Höhle ist in zahlreichen mythischen Überlieferungen das verschlingende Maul und der Todesschoß der furchtbaren Mutter Erde, die nicht nur ihre Kinder gebiert, sondern auch frißt und vernichtet. Sie ist der dunkle Abgrund allen Lebens und die finstere Nacht,

die alles Leben aufsaugt und auflöst. Ins dunkle Erd-
reich muß der Mensch nach seinem Tode zurückkehren
und wird im Grab dem Zerfall preisgegeben.

Im Alten Testament ist dieser bedrohliche Aspekt im
Symbol der Höhle zwar getilgt, aber er ist darin noch
erkennbar, daß Höhlen Grabstätten für die Toten waren (vgl. 1. Mose 23 und 25). Die Höhle ist damit auch
im Alten Testament noch in ihrer Bedeutung mit dem
Totenreich verknüpft; das Grab ist gleichsam ein kleines Totenreich.

Die Höhle führt also in den Bereich der Unterwelt, in
die Tiefe, aus der es kein Entkommen mehr gibt. So
wurde im alten Orient dieser Bereich als »Land ohne
Rückkehr« bezeichnet. Diese Welt ist gekennzeichnet
durch Dunkelheit und Finsternis, durch Schweigen
und Vergessenheit der Toten. Die Höhle ist damit das
alles fressende Maul der Unterwelt. Dies ist beim verschlingenden Fisch Jonas noch ganz deutlich und ele-
mentar sichtbar. In Ägypten wurde das Totenreich
ebenfalls oft als verschlingendes Untier mit höhlenarti-
gem Rachen dargestellt.

Auch die Felsengrabstätte Jesu kann als eine Höhle verstanden werden; Jesu Begrabenwerden wird dann als
Abstieg in die Unterwelt, in das Reich des Todes gesehen. Dies ist im Glaubensbekenntnis als »hinabgestie-
gen in das Reich des Todes« noch deutlich erhalten.

In der ostkirchlichen Tradition geschieht auch die Taufe
Jesu in der Höhle, aus der der Jordan entspringt. Das
Untertauchen im Jordanwasser wird hier verstanden als
ein Eingehen in die Totenwelt, deren Eingang die
Höhle und deren erste Schwelle der Totenfluß ist.

Da es jede Krise mit Abschied von Altem zu tun hat,
führt sie in den Sterbensraum der Höhle und der Tiefe.

Hier geht es um den Abschied von alten Lebensentwürfen und Lebensstilen, ebenso wie um die Verluste, die eine Krise ausgelöst haben. In einer Trennung von einem geliebten Menschen muß der Betroffene diese Person bildlich gesprochen in sich sterben lassen und beerdigen, beim Abschied von Lebensphasen muß man Lebensziele und Lebensideale begraben, bei Krankheiten schließlich sterben körperliche Fähigkeiten. Der Abstieg in die Tiefe des Unbewußten konfrontiert unausweichlich mit dem Sterben, mit der Trauer und dem Schmerz darüber.

Eine Klientin, die ihren Mann durch Suizid verloren hat, träumt:

»Ich zwänge mich durch eine enge Öffnung im Boden. Ich komme in Höhlengänge, denen ich folge. Vorne weitet sich der Gang zu einer großen, runden Halle. Sie ist von der Decke her erleuchtet. Ich erschrecke: In der Mitte hängt mein toter Mann an einem Seil.«

Die Klientin hat bisher mit großer Anstrengung jedes Vorstellungsbild vom Leichnam ihres Mann vermieden. Der Traum zeigte ihr die Realität: Ihr Mann hatte sich durch Erhängen getötet. Sie erlebt das einerseits als schmerzlichen und traurigen Tiefpunkt, zugleich aber fühlt sie, daß ihr Mann in dem eigenartigen Licht der Höhle doch auch aufgehoben und geborgen ist. Die Klientin kann sich jetzt trotz aller Trauer und allen Schmerzes dieser Realität stellen und seelisch daran arbeiten, den Suizid ihres Mannes anzunehmen.

Eine etwa 40jährige Frau muß nach einer Trennung und nach schweren Rückenmarksoperationen ihren Kinderwunsch endgültig »begraben«. Sie hat folgenden Traum:

»Ich stehe in einer großen domartigen Höhle. Die

Höhle ist mit Moos bewachsen und hat keinen Ausgang. Der Boden der Höhle ist rund und spiegelnd. Bei näherem Hinsehen erkenne ich, daß dies ein See aus altem Blut ist. Ich habe Angst, daß ich hineinfallen und ertrinken könnte.«

Die moosbewachsene Höhle ist das Bild für den fruchtbaren Mutterschoß. Doch das alte, verkrustete, tote Blut zeigt der Träumerin, daß sie ihre Fruchtbarkeit verloren hat und keine Kinder mehr erwarten kann. Die Klientin erlebt dabei die Angst, in diesem See, sprich in ihrer Trauer über ihre Unfruchtbarkeit, zu versinken. Die Frau verstand dieses Bild als Aufforderung, sich mit ihrer Unfruchtbarkeit auseinanderzusetzen und sie allmählich zu akzeptieren.

In der Grabeshöhle einer Lebenskrise müssen auch alte Lebensmethoden sterben.

Eine 55jährige Klientin mußte nach dem Tod ihres Vaters schon als zehnjähriges Mädchen viel an Verantwortung übernehmen. Sie wurde von den anderen »eingespannt« und mußte in ihrem Leben immer wieder »den Karren aus dem Dreck ziehen«. Überall – sei es in ihrer Ehe, sei es bei der Erziehung ihrer Kinder – fühlte sie sich als Zugpferd. In ihrer Krise erlebte sie, daß sie mit ihren Kräften und Energien am Ende war. Es fiel ihr schwer, dies zu akzeptieren. Da hatte sie folgenden Traum:

»Ich bin bei einer Beerdigung. Es muß eine hochgestellte und bedeutende Persönlichkeit sein, weil der Sarg von vier Pferden gezogen wurde. Erstaunt stelle ich fest, daß auch die Pferde ins Grab sollen, denn die Pferde sind noch lebendig. Sie scheinen sich auch zu wehren. Wie gelähmt wache ich auf.«

Die Klientin erkennt, daß sie in ihrem bisherigen Leben

mit ihren eigenen »Pferdekräften« alles »durchgezogen« hatte. Das hatte ihrer Person durchaus auch Bedeutsamkeit und Wichtigkeit verliehen. Genau diese so wichtige Person stirbt in der Krise. Ebenso muß die Frau ihre bisher so unbändigen Kräfte zu Grabe tragen. Die Lebensmethode des »Durchziehens und Abrakkerns« wird – trotz ihres Widerstrebens – begraben werden. Der Traum zeigt der Klientin den Verlust, zugleich aber stellt er sie – wie die Krise selbst – vor die Aufgabe, auf andere Weise als bisher eine bedeutende Persönlichkeit zu werden.

Hier wird auch deutlich, daß im Sterben alter Lebensmethoden und Lebensstile Raum zu Neuentdeckungen und Neuentwicklungen entsteht. Es ist eine zentrale Chance der Lebenskrise, daß an der Stelle des Alten nun Neues wachsen kann.

Im Todesraum der Krise ist aber auch – das ist für viele Menschen das Erschreckendste – der eigene Glaube an Gott bedroht.

Die Höhle als gottferne Unterwelt, von den Israeliten Scheol genannt, versinnbildlicht die in Krisen von vielen erlebte Gottesferne. Der sich in innerer Not befindende Psalmbeter sagt von sich in Psalm 88, 5–7:

»Ich bin denen gleich geachtet, die in die Grube fahren, ich bin wie ein Mann, der keine Kraft mehr hat.

Ich liege unter den Toten verlassen,

wie die Erschlagenen, die im Grabe liegen,

derer du, Gott, nicht mehr gedenkst,

und die von deiner Hand geschieden sind.

Du hast mich hinunter in die Grube gelegt,

in die Finsternis und in die Tiefe.«

In der tiefen und finsteren Unterwelt des Todes gibt es keine Verbindung zu Gott, vielmehr herrscht hier die

Gottverlassenheit (vgl. auch Psalm 88, 11–13; Psalm 115, 17; Jesaja 38, 18 ff. u. ö.). Der Tod im Alten Testament ist geradezu definiert als jener Zustand, in dem es keine Beziehung zu Gott gibt. Auch Jesus stirbt am Kreuz in dieser radikalen Gottesferne mit dem Ausruf: »Mein Gott, mein Gott, warum hast du mich verlassen« (Markus 15, 34 par.).

Zur Erfahrung einer Lebenskrise gehört in vielen Fällen diese Erfahrung des Psalmbeters, daß Gott uns scheinbar in der Tiefe allein läßt. Die Gebete an Gott, die um Hilfe in der Krise bitten, verhallen anscheinend ungehört. Gott scheint gerade in dem Zeitpunkt, an dem wir ihn so sehr brauchen würden, unendlich ferne zu sein. Dies ist für viele Menschen sehr schwer auszuhalten. Ihr Glaube droht hieran zu zerbrechen, so daß zu der Lebenskrise eine Glaubenskrise dazukommt.

Wir dürfen diese Erfahrung der Gottesferne für uns und andere nicht leugnen oder uns darüber hinwegtrösten. Sie gehört ganz wesentlich zur Krise hinzu. Wie uns der weitere Weg Elias zeigen wird, liegt auch in dieser für viele Menschen schlimmsten Erfahrung einer Krise eine große Chance. In diesem Wissen kann es vielleicht gelingen, der Gottesferne standzuhalten und darin neu offen zu werden für Gott.

Geborgen im Mutterschoß

Die Höhle, die, wie schon gesagt, zum Symbolbereich des Mütterlichen und Weiblichen gehört, hat aber auch wichtige positive Bedeutungsgehalte. Die Höhle ist hierbei der fruchtbare Mutterschoß, der Uterus, in dem der Embryo in Harmonie und Einheit heranwächst.

Die Sehnsucht, einmal wieder in diesen Raum der Geborgenheit zurückzukehren und dabei zum aller Verantwortung enthobenen Embryo zu werden, ist tief in uns verwurzelt.

Von daher ist auch zu verstehen, daß in vielen Kulturen die Toten in der Hockerstellung wie ein Embryo bestattet wurden. Damit wurde ausgedrückt, daß der Verstorbene nun als Kind in die Mutter Erde zurückkehren darf und in dieser wie der Embryo geborgen ist. Die Höhle ist damit ganz zentral Schutzraum und Bild für Geborgenheit nicht nur für den Embryo, sondern auch für erwachsene Menschen.

So wurden im Alten Testament Höhlen immer wieder auch als Zufluchtsstätten benutzt und damit der schützende Raum der Höhle konkret erfahren (z. B. Richter 6, 2; 1. Samuel 13, 6 etc.). Auch Elia nimmt die Höhle als Schutz vor den Gefahren der Nacht in Anspruch. Zugleich vermittelt die Höhle als Raum der Geborgenheit auch das Gefühl, nach langer Wanderung endlich anzukommen, da sein zu dürfen und zur Ruhe zu kommen.

Besonders in einer Lebenskrise werden der Wunsch nach einer Rückkehr in die mütterliche Geborgenheit und die Sehnsucht, noch einmal umsorgtes, behütetes Kind zu werden, wach.

Dies zeigt das Beispiel einer sehr selbstbewußten, beruflich erfolgreichen Frau, die nach einer Trennung in eine Krise gerät. Sie zieht wieder zu ihrer Familie zurück. Dabei stellt sie erstaunt fest, »daß ich mich auch tagsüber immer wieder in mein Bett verkrieche und mit meinem kleinen Teddybär unter der Decke kuschle«.

Der Rückzug in frühere, in der Erinnerung schön gefärbte Zeiten der Kindheit ist zunächst ein Ausweichen vor der Bedrohung und der Unlösbarkeit der Krisensituation. Dies darf jedoch nicht einseitig als Flucht gesehen werden, vielmehr ist diese Regression ein Zurückgehen zu alten Quellen in der Hoffnung, das zu erhalten, was jetzt in der Krise so dringend gebraucht wird.

Hier zeigt sich noch einmal die Sehnsucht nach der großen Mutter, die dem Betroffenen gerade jetzt das so wichtige Urvertrauen geben kann.

Es ist jenes Urvertrauen, das vom Embryo und Säugling als harmonisches Einssein mit sich und der Welt erlebt wird. In diesem Zustand gibt es für das Kind noch keine Differenz zwischen Ich und Welt, sondern hier heißt es: Ich bin die Welt und die Welt ist ich – und die Welt ist gut so. In diesem Einssein entstehen keine Trennung, keine Unterscheidung und von daher keine Konflikte, keine Bedrohung und eben auch keine Krisen.

In Psalm 131, 2 wird diese Erfahrung so beschrieben:
»Fürwahr, meine Seele ist still und ruhig geworden
wie ein kleines Kind bei seiner Mutter;
wie ein kleines Kind, so ist meine Seele in mir.«

Der in die Krise geratene Mensch braucht genau dieses ursprüngliche Vertrauen – für den Erwachsenen verbalisiert als »Es wird alles gut« –, um die Krise zu durchleben und um dann allmählich mit eigenen Kräften die Krisensituation zu verändern.

In einer Krise brauchen wir die Zeit des Rückzuges, in der wir mit uns allein sind. Die Phasen der Ruhe, der Selbstbesinnung, des Träumens und des Erinnerns an gute Zeiten sind als ein Heimkommen in eine mütterliche Sicherheit und Geborgenheit zu verstehen. Hier können wir neue Kräfte, neue Zuversicht und neues Vertrauen in uns und in das Leben sammeln.

Häufig machen Menschen in einer Krise den Fehler,

möglichst schnell aus der Krise herauszukommen, um die Anforderungen und Pflichten des Alltages wieder zu erfüllen. Dabei aber überfordern sie sich erneut, weil sie sich nicht Zeit zum Verweilen in sich genommen haben. Gelingende Krisenbewältigung braucht Zeit! Das kann auch heißen, daß eine Krankschreibung nötig ist. Wieder andere reservieren für sich täglich eine bestimmte Zeit, in der sie sich zum Beispiel mit dem Aufzeichnen von Träumen oder dem Tagebuchschreiben beschäftigen, um die Erfahrungen der Krise zu verarbeiten.

Neues entdecken

Wer in der Krise in sich geht, wer in sich verweilen kann, wer sich in der Krise mit seiner Seele beschäftigt, der wird, einem Schatzsucher oder einem Perlenfischer gleich, wichtige Funde machen.

In den Tiefen der Höhle finden sich nach vielen Mythen Schätze, Kristalle und Edelmetalle. In einem weniger bekannten Grimmschen Märchen heißt es über eine Berghöhle: »Und der Berg tat sich vor ihm auf. Da trat er hinein, und der ganze Berg war eine Höhle voll Silber und Gold, und hinten lagen große Haufen Perlen und blitzende Edelsteine, wie Korn aufgeschüttet.« Psychologisch verstanden werden hier die noch nicht gehobenen Schätze und Persönlichkeitsanteile beschrieben, die im Verborgenen eines Menschen liegen. Der Abstieg in der Krise gibt die Möglichkeit, diese Potentiale zu entdecken und sie wie einen Schatz ans Licht emporzubringen.

Zudem sind Höhlen Orte, an denen das uralte, geheime

Wissen der Erde aufbewahrt ist. Orakelstätten sind daher oft an Höhlen gelegen. Der Abstieg in die eigene Tiefe eröffnet dem in die Krise geratenen Menschen auch neues Wissen über sich selber. Was bisher verdrängt und vergessen war, wird durch die Krise ins Bewußtsein gebracht. Selbsterkenntnis und die Entdeckung bisher verborgener Fähigkeiten können der reiche Ertrag des Abstieges in die eigene Tiefe sein.

Dies zeigt das Beispiel einer 45jährigen Frau, die nach der Trennung von ihrem Mann folgendes träumt:

»Ich sehe einen Lkw in eine Kurve fahren. Plötzlich stürzt er um. Von seiner Ladefläche schleudern große Steinbrocken auf mich zu. Ich habe Angst, daß die mich erschlagen. Nach meinem großen Schrecken stelle ich fest, daß der Lkw nur noch Schrott ist. Ich beschaue aber die großen Steinbrocken und stelle zu meinem Erstaunen fest, daß es große Ammoniten und Kristalle sind. Verwundert wache ich auf.«

In der akuten Krise versteht die Klientin den ersten Teil des Traumes sehr gut: Sie sieht darin, wie ihr Lebensfahrzeug aus der Kurve getragen wird und dabei verunglückt. Ihr Leben ist im Moment nur noch »Schrott«. Dieses Unglück droht sie in Form der großen Steinbrocken zu erschlagen und zu überwältigen. Ihr bisheriges Lebensgebäude war zusammengestürzt. Zu dem weiteren Traumelement, daß die Brocken aber Kristalle und Ammoniten sind, findet die Klientin zunächst keinen Zugang. Erst nach einiger Zeit, in der sie sich mit dem Umstürzen und Zerbrechen ihres bisherigen Lebens auseinandergesetzt hatte und dies auch annehmen konnte, begreift sie, was der zweite Teil des Traumes sagen will: Auch im Zusammenbrechen des bisherigen Lebensentwurfes stecken wertvolle Aspekte und Chancen. Der Traum ist für sie die Aufforderung, diese Seite ihrer Krise näher zu betrachten und sich diese Kristalle und Ammoniten zu eigen zu machen. Konkret sieht das so aus, daß sie ihre Liebe zur Musik wieder entdeckt und sich mit religiösen und psychologischen Fragen und Büchern beschäftigt.

Wer in der Krise bei sich einkehrt, wird aber auch in den dunklen Schattenbereich seiner Seele gelangen und dabei auch Seiten von sich entdecken, die für ihn zunächst sehr unangenehm und bedrohlich sein können. Nicht nur Schönes, sondern auch Unbekanntes, Fremdes, Abstoßendes, Ekliges und Bedrohliches begegnen uns in der eigenen Tiefe.

Eine Klientin, die ihren Mann durch Suizid verloren hatte, erlebt den Rückzug ihrer Freunde und Bekannten von ihr als Ablehnung und Verlassenwerden. Sie träumt: »Draußen stehen meine Freunde und Bekannten von mir abgewandt. Niemand kümmert sich um mich. Ich steige die Stufen zum Keller hinab. Unten befällt mich Angst. Ich kann nicht weiter, weil da ein großer, schwarzer Hund sitzt.«

Die Klientin wird in diesem Traum auf eine Seite ihrer Person hingewiesen, die sie noch nie gesehen hatte, geschweige denn zulassen konnte. Der Hund symbolisiert ihre eigene, bisher ständig in die Tiefe abgedrängte Aggressivität. Als sie dies in der Therapie erkennt, kann sie ihren Ärger gegen ihre Freunde und Bekannten zulassen und formulieren. Außerdem kann sie ihre Wut gegen ihren Mann äußern, der sie durch seinen Suizid in eine solche Krise gestürzt hatte. Das Annehmen dieser aggressiven Seite als ein zu ihr gehöriger Teil hilft ihr auch, wieder stärker nach außen zu gehen und aus der Tiefe der Krise allmählich aufzusteigen.

Hier wird deutlich, daß solche zunächst als schrecklich oder unangenehm erlebten Inhalte der Tiefe ihren guten Sinn in der Gesamtheit der Psyche besitzen. Es kann ein großer innerer Gewinn sein, diese verdrängten Anteile in uns zu entdecken, sie anzunehmen und sie ins Leben als neue Möglichkeiten einzubringen.

Verleugnete Wut und Eifersucht, verdrängter Neid und Haß, nicht wahrgenommene Enttäuschung und Verbitterung, ungelebte Trauer und Schmerz binden in der Verdrängung sehr viel Lebensenergie. Dürfen diese Gefühle aus der Tiefe der Verdrängung ans Licht des Bewußtseins gelangen und werden sie von uns verstanden und angenommen, kann die in ihnen gebundene psychische Energie frei werden und uns bei der Bewältigung unserer Lebenskrise helfen. So kann das, was wir bisher als persönliche Schwäche bewertet haben, zu einer neuen Stärke in uns werden.

Geboren aus der Tiefe

Die Höhle ist nicht nur »Todesraum«, sondern auch Geburtsort, der Ort, in dem das Leben entsteht. Im Alten Testament ist dies nur noch – freilich sehr negativ gefärbt – beim Inzest Lots mit seinen Töchtern in einer Höhle erhalten (1. Mose 19, 30–39). Zahlreich dagegen sind die Belege aus anderen religionsgeschichtlichen Kontexten: So wurde Zeus in einer Höhle auf Kreta geboren, Hermes in der Höhle des Berges Kyllene. Hier wird die Höhle als der Uterus der Mutter Erde verstanden, die aus ihrem Innersten, aus ihrem Herzen das Kostbarste hervorbringt.

Auch in der christlichen Überlieferung wird der

Aspekt der Höhle als Entstehungsort des Lebens aufgegriffen: Im apokryphen Evangelium des Jakobus und in der ostkirchlichen Tradition wurde Jesus in einer Höhle geboren. Lazarus wurde von Jesus aus einer Grabhöhle heraus aufgeweckt (Johannes 11). Auch die Auferstehung Jesu geschieht aus der Grabhöhle heraus (Mk 16, 1–8 par.).

Der Abstieg und das Eintauchen in die Tiefe der Erde hat in den vielfältigen Mythen der Welt nur ein Ziel: Der Held soll neu geboren aus der Tiefe wieder aufsteigen. Er soll ein zweites Mal als »neuer« Mensch wieder geboren werden. Die Geburt ist dabei Ausdruck für das Entstehen eines völlig neuen Lebens. Die Wandlung in der Tiefe hat den Helden so total verändert, daß er mit einem Neugeborenen verglichen werden kann.

Auch das allmähliche Auftauchen aus der Tiefe einer Krise kann als eine Geburt verstanden werden. Allerdings stehen im Erleben des Betroffenen die Geburtswehen und die Schmerzen noch im Vordergrund.

Doch dann hört man immer wieder solche Sätze wie »Endlich kann ich wieder atmen« oder »Der Ring um meine Brust lockert sich« oder »Endlich sehe ich wieder Land« oder »Meine Lage klärt sich«. Diese Sätze lassen ahnen, wie befreiend das Auftauchen aus der Krise sein kann. Die körperlichen Gefühle der Einengung lösen sich wie bei einem Säugling, der während des Geburtsvorganges im Geburtskanal eingepreßt war. So wie ein Säugling zum ersten Mal atmet, atmen Betroffene nach der Krise zum erstenmal wieder auf.

Träume von Geburten sind in dieser Phase der Krise relativ häufig. Eine 55jährige Klientin hatte sich von ihrem psychisch kranken Mann getrennt und war daraufhin in eine Krise geraten. Sie träumt:

»Ich liege in einem Krankenhauszimmer. Ich weiß, daß ich nicht krank bin, aber auch, daß ich keine Kinder mehr kriegen kann. Ich betaste meinen Bauch und erschrecke: ich bin ja schwanger. Eine Ärztin, die ich erst jetzt sehe, sagt: Morgen ist es soweit. Verwirrt wache ich auf.«

Im Gespräch versteht die Klientin den Traum für sich so, daß mit der Geburt dieses Kindes für sie ein neuer Lebensabschnitt beginnen wird. Sie sieht den Traum als ein hoffnungsvolles Zeichen für ihre Zukunft.

Der folgende Traum zeigt eindrucksvoll, daß in der Krise Sterben und neues Leben sehr eng zusammengehören. Eine Klientin in der Krise der Lebensmitte muß erkennen, daß ihre bisher großen Kräfte allmählich erlahmen. Sie träumt folgendes:

»Ich ging zu einer Beerdigung. Es war ein bekannter alter Mann gestorben, ein Patriarch. Die ganze, große Familie ging zur Beerdigung. Dann kam der Pfarrer. Man konnte noch einen Blick auf den Toten werfen. Ich blickte in den Sarg: Da war aber ein ganz kleines Kind. Und das lebte. Ich erschrak und dachte: Das ist ja ganz verkehrt! Das lebt ja! In mir entstehen Zweifel, ob man jetzt die Trauerfeierlichkeiten abbricht. Man muß dem Kind doch eine Chance geben. Man kann doch kein lebendiges Kind beerdigen!«

Der alte, patriarchalische Lebensentwurf, der sich auf die eigenen Kräfte gründete, muß begraben werden. Doch das Grab wird im Traum zur Geburtsstätte. Was der Klientin nur als Verlust erschien, wird in der Tiefe der Erde zur Geburtsstunde neuer Lebendigkeit. Zwar ist das Kind wie die Klientin in der Krise sehr schwach und hilflos und doch ist es das Symbol für etwas ganz Neues in der Person und im Leben der Klientin. Der

Traum fordert sie auf, diesem kleinen Keimling des Lebens eine Chance zu geben. Dies ist zugleich die Chance für die Klientin selbst, nach der schweren Krise ein neues Leben zu beginnen. Nun allerdings nicht mehr auf ihren Anstrengungen, sondern auf der Annahme der eigenen Schwäche gegründet. Insofern versinnbildlicht das Kind im Grab ein neues Selbst- und Lebensverständnis.

So wie eine Geburt ein Wunder ist, so ist unser Auftauchen aus der Tiefe der Krise ein Wunder, das wir nicht machen können, sondern das uns geschenkt wird. Deshalb können wir auch für andere in einer Krise nicht mehr als Geburtshelfer und Hebammen sein – daß ein Mensch aus der Tiefe der Krise wieder zur Welt kommt, bewirkt ein anderer, so wie Psalm 71, 20 und 21 sagt:

»Du, Gott, lässest mich erfahren viele und große Angst und machst mich wieder lebendig
und holst mich wieder herauf
aus den Tiefen der Erde.«

Eindrücklicher kann man nicht beschreiben, was Elia in seiner Krise und in der Höhle des Nachts erfahren hat.

Eindringlicher kann man nicht sagen, welche Verheißung uns trotz aller Ängste in der Krise zugesprochen ist. Wer in diesem Vertrauen seine Krise durchlebt, der kann gewiß sein, daß er auch aus der Tiefe seiner Krise und aus den dunklen Schattenseiten seiner Seele wieder aufsteigen wird.

Wenn wir abschließend den Todes- und den Lebensaspekt des Symbols der Höhle noch einmal im Zusammenhang betrachten, können wir folgendes festhalten:

Die Höhle als Todes- und Geburtsraum beschreibt symbolisch das paradoxe Lebensgesetz, daß Sterben zum Leben führt und Leben zum Sterben; auf unser Thema bezogen heißt das, daß Krisen ins Leben führen und das Leben in Krisen.

Wer sein Leben gegen das Sterben oder gegen Krisen abzusichern versucht, verfehlt gerade das Leben – gerade in der Krise kann der paulinische Satz »Sterben ist mein Gewinn« erfahren werden.

Der Berg –
die Bewältigung der Krisenerfahrung

Der Herr sprach: Geh heraus und tritt hin auf den Berg vor den Herrn! Und siehe, der Herr wird vorübergehen.   1. Könige 19, 11

Der Aufstieg

Elia wird nun also nach langem Weg auf den Berg gerufen. Dieser Berg wird in Vers 8 als der Gottesberg Horeb bezeichnet. Neben diesem Gottesberg ist im Alten Testament besonders der Berg Sinai, auf dem Gott dem Mose begegnet und die Zehn Gebote vermittelt, von zentraler Bedeutung. Beide heiligen Berge, Sinai und Horeb, sind durch die Gegenwart Gottes ausgezeichnet.
Der Berg, als herausgehobener, herausragender Ort, hat als altes Menschheitssymbol ganz verschiedene Bedeutungshorizonte.
Die Schöpfungsmythen des Alten Orients beschreiben, daß die heiligen Berge bei der Erschaffung der Welt als erstes aus den chaotischen Fluten aufgetaucht sind. Sie waren die ersten Fixpunkte im verschlingenden Meer. In ihrer Festigkeit und Mächtigkeit sind die Berge das Gegenbild zu der abgrundtiefen Chaosflut.
Heilige Berge sind daher zunächst Symbole für die Überwindung des Chaos. Von diesen Bergen aus

nimmt die Ordnung und Strukturierung der neuge-
schaffenen Welt ihren Anfang.

Im Alten Testament ist diese ursprüngliche Bedeutung
eines heiligen Berges noch in der Geschichte von der
Sintflut erhalten: Die Arche läßt sich auf dem Berge
Ararat nieder (1. Mose 8, 4), und Berggipfel ragen als erste aus den Fluten hervor. Auch hier ist der Berggipfel
das Zeichen für das Ende der zerstörenden Flut und für
den Beginn einer neuen Welt.

Elia wird von Jahwe aus der Höhle herausgerufen. In
vielen anderen Traditionen wird das Auftauchen aus
der Tiefe oft als Ausspeien oder Ausspucken durch das
Chaosungeheuer dargestellt. Diese Vorstellung liegt
auch noch bei Jona zugrunde. Hier läßt die Tiefe oder
das Chaos den Helden wieder frei; in wieder anderen
Mythen befreit sich der Held durch einen kämpferi-
schen Akt selbst.

Bei Elia dagegen geschieht das Auftauchen aus der
Tiefe durch Gottes souveränes Wort. Gott ist wie oft
im Alten Testament der Befreier aus der Tiefe der Not.
Wenn Elia nunmehr auf den Berg gerufen wird, wird er
zugleich aus der verschlingenden Tiefe auf einen festen
Grund gestellt, worauf er wieder sicher stehen kann. In
Psalm 40, 3 wird diese Erfahrung Elias so beschrieben:
»Er zog mich aus der grausigen Grube,
aus lauter Schmutz und Schlamm,
und stellte meine Füße auf einen Fels,
daß ich sicher treten kann.«

Genau so drücken Betroffene am Ende einer Krise ihre
Gefühle aus: »Ich habe wieder Boden unter den Füßen« oder »Ich habe wieder einen Standpunkt« oder
»Endlich kann ich wieder frei atmen.« Das Auftauchen
aus dem Gefühlschaos der Krise ist für viele ein erhe-

bendes Gefühl, verknüpft mit der Erfahrung eines neuen Standpunktes und einer neuen inneren Festigkeit. Dieser Standpunkt ist natürlich nicht von vornherein ein gesicherter, sondern zunächst auch noch ein gefährdeter, anfangs von der zurückgehenden Flut noch umbrandeter Ort.

Eine Klientin, die nach einer Trennung wieder erste eigene Schritte geht, träumt folgendes:

»Es ist ganz dunkel. Ich renne durch ein Dorf aus lauter Ruinen. In den Gassen schlängelt sich überall dunkles Wasser. Aus Angst, weggespült zu werden, laufe ich schneller. Da vorne ist ein Hügel. Ich weiß genau, wenn ich den erreiche, bin ich in Sicherheit.«

Das Bild vom Wasser im Ruinendorf zeigt, daß die Klientin sich von den Gefühlen der Verlassenheit weiter bedroht sieht. Der erhöhte Standpunkt auf der Anhöhe eines Hügels könnte ihr Sicherheit geben. Der Traum macht deutlich, daß die Klientin wie viele Betroffene immer wieder in der Gefahr ist, in die Tiefe zurückzufallen bzw. von dieser magisch angezogen zu werden.

In den meisten Fällen sind solche »Rückfälle« nötig. Sie zeigen, daß der neu erworbene Standpunkt nach der Krise noch einmal überprüft und verändert werden muß.

Es gibt jedoch auch Menschen, die in den Gefühlen des Traurigseins, des Schmerzes und des Unglücklichseins verbleiben wollen und den Aufstieg aus der Tiefe versäumen oder auch verweigern. Hier wird die Traurigkeit und das Unglücklichsein zum Lebensinhalt. Dies verhindert freilich eine Weiterentwicklung, wie sie im Bild des Aufstiegs symbolisiert ist. Solche Menschen überhören den Ruf, auf den Berg zu steigen.

Auch der folgende Traum einer Klientin nach einer Lebenskrise in der Lebensmitte zeigt, daß der Aufstieg aus der Krise nicht ohne Risiko und Anstrengung möglich ist. Zugleich aber wird in der Arbeit am Traum sichtbar, wie lohnend der Aufstieg auf den Berg sein kann. Die Klientin erzählt:

»Ich klettere eine Leiter hoch, die an einen großen Berg gelehnt ist. Unten sehe ich das dunkle Tal liegen. Nun bin ich fast oben angelangt, dabei bemerke ich mit Schrecken, daß die Leiter nach hinten kippen könnte. Ich ziehe mich mit großer Anstrengung an einem Felsen vollends auf den Berg hoch und bin sehr froh, nun oben zu sein. Erleichtert wache ich auf.«

Die Klientin sieht in dem Traum, daß sie ihre Krise überwunden hat, auch wenn der Aufstieg für sie schwierig und beängstigend war. Im Beratungsgespräch leite ich die Klientin an, diesen Traum weiter zu träumen. Sie spürt dabei die Festigkeit des Berges. Sie kann auch das schöne Gefühl, einen Berggipfel erstiegen zu haben, wahrnehmen und genießen. Im Blick vom Berg hat sie den Eindruck, als entstünde für sie die Welt neu, als gewänne die Welt vor ihren Augen wieder neue Gestalt. War in der Krise das Erleben in das Dunkel der Tiefe getaucht, lichtet sich beim Aufstieg auf den Berg diese Finsternis, und die Welt erhält wieder Konturen und Farben. Die Klientin kann ihre Gefühlswelt allmählich wieder ordnen und ihre Erfahrungen in der Krise benennen.

Genau das aber ist ein zentraler Schöpfungsvorgang, in dem die subjektive Welt entsteht. Im Schöpfungsbericht 1. Mose 1 scheidet, ordnet und benennt Gott die Elemente dieser Welt. Dieser schöpferische Neuordnungsprozeß gehört zu jeder Krisenbewältigung.

Während in der Krise das Gefühl der Ohnmacht vorherrscht, gewinnt der Betroffene in diesem Prozeß des Ordnens und Benennens seiner bisherigen Krisenerfahrung und seiner nun neu vor ihm sichtbar werdenden Welt wieder Einfluß auf sich und seine Umwelt.

Bei dem Aufstieg aus der Tiefe der Krise ist es von großer Bedeutung, daß wir dies behutsam tun und Schritt für Schritt in unserem eigenen Tempo vorangehen. Wir dürfen uns hierbei nicht drängen und antreiben, vielmehr brauchen wir immer wieder Pausen, um die Festigkeit unter unseren Füßen tatsächlich wahrzunehmen. Manchmal kann es auch sinnvoll sein, wieder einen Schritt zurückzugehen, um diese Stufe auf den Berg gleichsam übend noch einmal zu überschreiten. Wir brauchen wie bei einer schweren Bergbesteigung Momente des Atemholens, Augenblicke, in denen wir auf den bisher zurückgelegten Weg zurückschauen, in denen wir uns umschauen und staunend auf das blicken, was sich uns in dieser neuen Welt auftut.

Während wir uns in der Krise von unserem Erleben nicht distanzieren konnten, sondern von den Gefühlen der Bedrängung und Angst geradezu verschlungen und hinabgezogen wurden, erlaubt der erhöhte Standpunkt eine neue Betrachtung dessen, was wir in der Tiefe der Krise erlebt haben.

Der Blick vom Berg symbolisiert den emotionalen Abstand von unserer Erfahrung in der Tiefe.

Dieser Abstand aber ist nötig, damit wir in unserer Krise einen Sinn entdecken können. Die Krise für sich genommen scheint zunächst nur schmerzhaft, nur undurchschaubar zu sein und keinen Sinn für unser Leben zu haben. Wenn wir jedoch die Krise im Kontext unseres bisherigen Lebensweges sehen, wenn wir sie also

»von oben, vom Berg herab« in unsere Lebenslinie ein-
ordnen, kann sich eine Bedeutung für unsere Krise er-
schließen.

Da viele Lebenskrisen nur das zunächst als katastrophal erlebte Ergebnis unseres meist unbewußten Lebensentwurfes sind, kann die Krise uns helfen, diesen
Lebensplan aufzudecken. Dazu ist nun der erhöhte
Standpunkt nötig, von dem aus wir sehen können, wie
unser Lebensentwurf und unsere Lebensmethoden geradezu direkt in die Krise geführt haben.

So mußte ein vierzigjähriger Lehrer entdecken, daß
sein Lebensmotto »Ich werde nur anerkannt, wenn ich
reibungslos funktioniere und möglichst viel leiste« ihn
direkt in eine schwere Erschöpfungskrise führte.

Die aus dem erhöhten Standpunkt gewonnene Erkenntnis kann bewirken, daß wir unseren alten Lebensentwurf revidieren. Krisen sind dann produktiv bewältigt,
wenn sie dazu verhelfen, daß der Betroffene seinen alten Weg verläßt und sich für einen neuen Lebensentwurf entscheidet.

Der genannte Lehrer entschied sich für den folgenden
neuen inneren Leitsatz: »Ich akzeptiere mich so, wie
ich bin. Ich werde nicht mehr um Anerkennung anderer ringen, sondern mein Leben genießen.«

Die Krise wird hier also zum Anstoß, sich den eigenen
unbewußten Lebensplan ins Bewußtsein zu heben und
ihn zu verändern. Dies kann zwar durchaus auch spontan im Kontext der Krisenbewältigung geschehen, in
aller Regel bedarf es hierfür jedoch therapeutischer
Hilfe.

Ging es beim Hinabsteigen in die eigene Tiefe vor allem
um das emotionale Durchleben der Krise, so geht es
jetzt im Abstand zur akuten Krise um ein rationales

Durchdringen und Verstehen dessen, was wir erlebt haben.

Aus dem Abstand kann der Betroffene seine Entwicklung bis zur Krise sehen.

Ein 45jähriger Mann konnte während der Trennungsphase nicht verstehen, warum seine Frau ihn verlassen wollte. Aus seiner Verbitterung und Enttäuschung heraus sah er die alleinige Verantwortung für das Scheitern der Ehe bei seiner Frau. Er wollte in der Krise nicht sehen, daß er seine Frau schon lange vernachlässigt und sich innerlich von ihr entfernt hatte. Erst aus dem Abstand heraus konnte er auch sein Verhalten, das zur Trennung beitrug, sehen und annehmen.

Häufig führt dieses realistische Einschätzen der eigenen Verantwortung an der Krise noch einmal zu einem Rückschlag. Wir können uns jetzt eingestehen, wo wir an uns oder anderen schuldig geworden sind. Diese eigene Schuld, die erst jetzt realistisch gesehen werden kann, muß noch einmal betrauert werden. Andererseits kann die jetzt mögliche realistische Einschätzung unserer Verantwortung an der Krise auch entlasten.

Die Klientin, die ihren Mann durch Suizid verloren hatte, war nach dem Durchleben ihres abgrundtiefen Schmerzes nun fähig, realistisch ihren Anteil von Verantwortung am Tod ihres Mannes wahrzunehmen. Sie konnte sehen, daß sie im Umgang mit ihrem selbstmordgefährdeten Mann aus Unwissenheit zwar auch Fehler gemacht hatte, aber daß sie ihren Mann letztlich doch nicht vom Selbstmord hätte zurückhalten können. So mußte die Klientin nun nicht mehr alle Schuld als ständige Selbstvorwürfe gegen sich wenden.

Bei Verlustkrisen kann der Betroffene oft erst jetzt richtig einschätzen, welche Konsequenzen der Verlust zum

Beispiel des Partners für sein Leben hat. Ging es in der Tiefe darum, emotional den Abschied von ihm zu vollziehen, so geht es jetzt darum, die daraus folgenden Lebensveränderungen anzunehmen und das eigene Leben entsprechend einzurichten.

Erst in diesem emotionalen Durchleben wurde einer Klientin nach ihrer schweren Rückenmarksoperation klar, was es heißt, nur noch wenige Schritte gehen zu können; jetzt erst war sie fähig, ihr Leben auf diese einschneidende Veränderung einzustellen, sich Informationen und konkrete Hilfen von außen zu holen.

Des weiteren kann der auf dem Berg Stehende sich umschauen auch im Blick auf seine Zukunft und kann sich nun neu orientieren. Das Symbol des Berges beschreibt damit sehr genau die sogenannte Neuorientierungsphase einer Lebenskrise, in der der Betroffene nach dem Abschied vom Alten seine neuen Möglichkeiten sichtet. Das ist zunächst noch ein vorsichtiges Sich-Umschauen, ein zurückhaltendes Abwägen, dann allmählich auch ein tastendes Ausprobieren von neu entdeckten Wegen.

Diese Wege sind in der jetzigen Phase oft noch unklar; der Betroffene weiß noch gar nicht, ob sie tatsächlich gangbar sind. Die Situation hat sich durch die Krise meist doch deutlich verändert: Die Stelle des verstorbenen Partners oder Kindes bleibt leer, und es fällt dem Betroffenen schwer, ganz konkret neue Lebensinhalte zu finden. Der geplante Berufsweg ist durch den Abbruch des Studiums nicht mehr möglich. Erst allmählich werden neue berufliche Möglichkeiten sichtbar.

Wir müssen in dieser Lebensphase konkret überlegen, wo und wie wir uns für unsere neue Lebenssituation Hilfe und Unterstützung holen können. Wir können die neu entdeckten Wege in unserer Vorstellung und Phantasie schon vorwegnehmen und innerlich ein Stück gehen. Das hilft uns, unsere Ängste und unsere Scheu zu nehmen. Dann aber müssen auch konkrete Schritte ins Neuland getan werden.

Die Klientin, die ihren Mann durch Suizid verloren hatte, plante so, wie sie mittels Umschulungen wieder den Berufseinstieg schaffen könnte. Sie suchte sich hierfür Unterstützung bei Bekannten und Freunden, bei Ämtern und Beratungsstellen.

Erwachendes Selbstbewußtsein

War in der Tiefe das Erleben des Betroffenen vor allem von Verunsicherung, Selbstzweifel und dem Gefühl der eigenen Wertlosigkeit geprägt, so ändert sich das mit dem Aufstieg auf den Berg. Die Helligkeit, die Weitsicht, die Klarheit auf einem Berg symbolisieren die Fähigkeiten des Ichs. Der Mensch, der auf dem Berge steht, ist bildlich gesprochen in einem hellwachen Zustand, kann klar denken und weitsichtig planen. Mit dem Aufstieg in die Höhe und die Helligkeit wird das Ich mit seinen Fähigkeiten des Wahrnehmens, des Denkens, des Wollens und des Planens wieder eingesetzt. Damit erhält es seine ursprüngliche Funktion, sich in der Welt zurechtzufinden und durchzusetzen, wieder zurück.

Betroffene berichten nach dem Auftauchen aus der Tiefe immer wieder, daß sie sich wieder handlungsfähig fühlen, daß sie wieder denken und planen können. Sie gewinnen so auch wieder Vertrauen in die eigenen Fähigkeiten und in die eigene Person. Sie können wieder

»Ich« sagen und fühlen, eigene Wünsche und Bedürfnisse als »Ich will« ausdrücken und Verantwortung für sich und das eigene Handeln übernehmen, indem sie wieder sagen können »Ich habe getan« oder »Ich werde tun«.

Das Selbstvertrauen und Selbstbewußtsein wächst mit dem Aufstieg aus der Krise.

Ein Klient beschreibt dies nicht ohne einigen Stolz so: »Ich habe es tatsächlich geschafft. Das hätte ich nie geglaubt.« Es ist wichtig, daß wir uns nun darin wertschätzen, daß wir uns auf die Krise eingelassen haben, daß wir die Wüste und Tiefe durchgestanden haben und uns schließlich nun auch auf neue, noch unbekannte Wege wagen wollen. Die Anerkennung unserer selbst ist nicht nur berechtigt, sondern kann unser Selbstbewußtsein weiter stärken.

Das wird am folgenden Beispiel deutlich. Eine 45jährige Frau geriet in eine schwere Krise, nachdem ihr Mann sie ganz plötzlich wegen einer anderen Frau verlassen hatte. Neben dem Schmerz über das Verlassenwerden war die Klientin auch in ihrem Selbstwertgefühl als Frau schwer getroffen und verletzt. Zunächst hatte sie noch versucht, so zu werden, wie es ihr Mann immer gewünscht hatte. Doch dieser Versuch, ihren Mann zurückzugewinnen, schlug fehl. Die Verleugnung der eigenen Person und die versuchte Anpassung an die Ideale ihres Mannes hatten ihr Selbstbewußtsein als Frau noch mehr unterhöhlt. Erst in der Tiefe der Krise konnte sie lernen, ihre eigenen Fähigkeiten, ihre eigenen Stärken und ihre eigenen Vorstellungen von Frau-Sein zu entdecken und zu entwickeln. Das Auftauchen aus den Gefühlen des Selbstzweifels und der Minderwertigkeit begann, als ihr klar wurde, daß sie sich nicht mehr an den Idealen ihres Mannes orientieren durfte, vielmehr wurde sie sich immer mehr ihrer eigenen Persönlichkeit bewußt. Sie konnte schließlich sagen: »Ich bin nicht so, wie du mich haben wolltest, sondern so, wie ich bin. Ich bin ich.«

Mit dem Aufstieg auf den Berg wird das eigene Ich wieder zur Mitte der Welt, so wie heilige Berge in den alten Überlieferungen als Weltmitte, als Weltzentrum oder Weltachse gedacht wurden. Diese eigene Mitte wieder zu finden, ist ein wesentlicher Sinn einer Lebenskrise. Umgekehrt können wir jetzt eine Lebenskrise als den Verlust der eigenen Mitte verstehen.

Die in der Krise neu gefundene Mitte ist nun wesentlich gefestigter, weil sie in den schweren Erfahrungen im eigenen Inneren und in der eigenen Tiefe gegründet ist.

Dieses neu gewonnene Ich ist aber auch nicht mehr das starre, sich an alte Lebensentwürfe klammernde Ich. Es ist durch die Erfahrungen in der Tiefe weicher und gelassener geworden; durch den weiten Horizont auf dem Berg hat sich das Ich geöffnet und geweitet.

Wir werden auch nach einer durchlebten Krise immer wieder in schwierige Situationen und kritische Lebensphasen kommen. Doch vielleicht können wir nun solche Zeiten als Herausforderung und Wachstumsimpulse sehen und annehmen.

Die Gegensätze des Lebens

Berg und Höhle symbolisieren zwei ganz gegensätzliche Erfahrungen des Elia. War er in der Höhle mit der Tiefe und dem Dunkel des Lebens in Berührung gekommen, so hat er auf dem Berg die Höhe und das Helle erfahren. Beides gehört untrennbar zusammen. Das zeigt sich auch darin, daß sich die Höhle im Gottesberg Horeb befand. Das Bild von der Berghöhle bzw. dem Berg, der die Höhle beherbergt, macht deutlich, daß Tiefe und Höhe, Dunkles und Helles zwar ganz gegensätzliche Bereiche des Lebens, aber doch miteinander verwoben sind.

Höhe und Tiefe, Helles und Dunkles sind Gegensätze, auch Polaritäten genannt, die unser Leben prägen. Weitere Polaritäten seien hier beispielhaft genannt: Wärme und Kälte, Enge und Weite, Stärke und Schwäche, Rechts und Links, Männlich und Weiblich, Leben und Tod.

Diese Grundstruktur unserer Welt und unseres Lebens wird im Alten Testament so beschrieben: »Solange die Erde steht, soll nicht aufhören Saat und Ernte, Frost und Hitze, Sommer und Winter, Tag und Nacht« (1. Mose 8, 22).

Wir haben natürlich den Wunsch und die Illusion, möglichst nur die positiven Aspekte dieser Polariäten zu erleben. Wir versuchen mit allen Mitteln auf der Sonnenseite des Lebens zu sein, die Schattenseite versuchen wir zu verdrängen und wegzuschieben.

Auch Elia versuchte dies. Er wollte auf der Seite der Sieger stehen, er wollte oben bleiben, er wollte männlich stark sein. Doch seine Krise zeigte ihm die anderen Seiten des Lebens.

Elia und wir alle, die wir versuchen Schmerz, Leid und Krisen aus dem Leben zu verdrängen, unterliegen der Illusion, das Leben sei nur im Glück vollendet und gelungen. Das ganze Leben ist nur mit beidem zu haben, mit Licht und Schatten, mit Glück und Leid, mit Gelingen und Scheitern, mit Freude und Trauer, mit Liebe und Haß.

Jede Lebenskrise konfrontiert uns unausweichlich mit dieser Wahrheit, weil sie uns zunächst in die Tiefe, ins Dunkle führt. Jede Lebenskrise bringt uns in der Wüste und in der Höhle mit dem Sterben und dem Tod in Berührung. So fordern uns unsere Krisen auf, die Gegensätze des Lebens wahrzunehmen, sie zu akzeptieren, ihnen standzuhalten und sie als wirkliche Bereicherung unseres Lebens zu sehen – oder um es kurz zu sagen: Krisen fordern uns auf, die Gegensätze des Lebens in uns zu integrieren.

Das Leben in seiner ganzen Tiefe und Höhe, in seiner ganzen Weite und Breite erschließt sich uns nur, wenn wir die Gegensätze auch wirklich durchleben. Nur aus dem Kontrast heraus können wir das Helle, das Schöne, das Glück ganz wahrnehmen und wirklich schätzen. Nur wer auch den Schmerz, das Leid, die Krise als Teil seines Lebens annimmt, kann Freude und Glück ganz erleben.

Für die Entwicklung zu einer reifen Persönlichkeit ist es zunächst wichtig, die eigenen Schattenseiten in uns zu akzeptieren. Die Ungereimtheiten, die Widersprüche, das Schuldhafte, das Verdrängte und Verleugnete – all das wird in der Krise für uns sichtbar und will als Teil von uns angenommen werden. Beides gehört zu uns, Licht und Schatten, Helles und Dunkles. Beides macht unsere Person, unsere Seele in ihrer ganzen Tiefe und Weite aus.

Zur psychischen Entwicklung gehört auch, daß wir in uns die männlichen und weiblichen Anteile ernstnehmen und ihnen entsprechend Gewicht und Raum in unserer Seele gewähren. So muß die Klientin, deren Mann sich wegen einer anderen Frau von ihr trennte, »männliche« Anteile entwickeln und in sich wachsen lassen. Fähigkeiten wie Organisieren, Planen, Aktivwerden, Sich-Behaupten und Sich-Durchsetzten werden nun wichtig. Der Klient, der von seiner Frau wegen seiner Zwanghaftigkeit verlassen wurde, muß erkennen, daß er »weibliche« Seiten mißachtet hat. Er lernt allmählich, wie bereichernd die Fähigkeiten des Trauerns, des Weinens oder des Sich-fallen-Lassens sein können.

Noch ein weiteres ist in der Bewältigung einer Krise als Gegensatz in uns zu vereinen. In der Krise erleben wir zwei sehr widersprüchliche Dinge: Zum einen müssen wir die Krise ganz allein durchleben, durchleiden und überwinden, zum anderen aber geschehen an uns die entscheidenden Veränderungen von selbst ohne unser bewußtes Zutun. Das Durchleben einer Krise fordert uns einerseits viel psychische Energie und Arbeit ab, andererseits ist sie Reifung aus dem Unbewußten und von außen kommende Rettungstat Gottes. Zum einen können und dürfen wir uns ganz fallenlassen, ganz loslassen, zum anderen aber müssen wir die Schritte und den Weg durch die Krise selbst gehen.

Die Krise zeigt uns, daß beides stimmt. Was als Gegensatz, als Polarität erscheint, gehört in der Krisenbewältigung zusammen: Gottes Tun und unser Tun, Wachstum aus dem Unbewußten und bewußtes Vorwärtsgehen, Geschehenlassen und Geschehenmachen, Getragenwerden und Gehen.

Was die Krise uns als Aufgabe zeigt – das Aushalten und Vereinen der Gegensätze in uns –, bleibt eine lebenslange Herausforderung. Wir kommen damit in unserem Leben nicht zu einem Ende. Die Integration der Polaritäten ist unsere Aufgabe, unser Tun, unsere Anstrengung – und doch wird sie uns und dieser Welt letztlich gänzlich geschenkt, nämlich am Ende der Zeiten, wenn Gott sein wird alles in allem (1. Korinther 15, 28).

Die Krise als Kreuzweg

Blicken wir noch einmal auf die Reise Elias zurück, dann sehen wir, daß diese Reise in ganz gegensätzliche Richtungen geht. Elias Weg von der Flucht in die Wüste zum Horeb, dort in die Tiefe der Höhle, dann auf die Höhe des Berges, schließlich zurück durch die Wüste nach Damaskus umfaßt alle vier Richtungen im Raum. Elia durchschreitet bildlich gesprochen den ganzen Raum, die ganze Welt. Die Welt als Ganzes erschließt sich dem Menschen erst in Krisenerfahrungen, weil die Krise der Ebene des Alltags die Dimension der Tiefe und der Höhe hinzufügt.

Von rechts nach links und von unten nach oben geht der Weg Elias durch seine Krise. Als Bild gesehen, würde dieser Weg ein aufgerichtetes Kreuz zeichnen.

Der Weg des Menschen, der seine Krisen annimmt und durchlebt, gleicht so dem Kreuz, das ebenfalls alle vier Richtungen des Raumes umfaßt. Der Weg durch die Krise ist im wörtlichen Sinne ein »Kreuz«-Weg.

Das Kreuz ist ausgespannt zwischen oben und unten, rechts und links. Es umgreift die Gegensätze des Lebens und hält diesen stand. Im Kreuzungspunkt sind diese Polaritäten integriert und zusammengehalten, aber nicht aufgehoben. In der Mitte des Kreuzes hängt Jesus, der damit den Menschen und die Welt erlöst. Die Erlösung geschieht darin, daß Christus die polaren Gegensätze dieser Welt in sich integriert, sie im Leiden aushält und zugleich in seiner Auferstehung als Gekreuzigter schließlich aufhebt und überwindet.

Tiefe Lebenskrisen können von daher auch als Erfahrung von Tod und Auferstehung verstanden werden: Der Tod geschieht in der Tiefe, die Auferstehung im Auftauchen und Aufsteigen aus der Krise. Wie Höhle und Berg, so gehören auch Tod und Auferstehung als Aspekte der psychischen Entwicklung zusammen. Die Grundstruktur von Tod und Auferstehung, wie sie im Weg Jesu deutlich wird, liegt jeder wirklich durchlebten Krise zugrunde. Jede Krise ist ein Stück Sterben und ein Stück Auferstehen. Insofern hat jeder, der sich in einer Krise befindet, Anteil an dem Sterben und Auferstehen Jesu. Zugleich ist damit umgekehrt in der Krise dieser Jesus mit seinem Tod und Auferstehen gegenwärtig. Der Betroffene ist hineingenommen, verwoben und aufgehoben in das Sterben und damit auch in das Auferstehen Jesu (vgl. Römer 6, 1–11).

Eine neue Gotteserfahrung

Und ein großer starker Wind, der die Berge zerriß
und die Felsen zerbrach, kam vor dem Herrn her;
der Herr aber war nicht im Winde. Nach dem
Wind aber kam ein Erdbeben; aber der Herr war
nicht im Erdbeben. Und nach dem Erdbeben kam
ein Feuer; aber der Herr war nicht im Feuer. Und
nach dem Feuer kam ein stilles, sanftes Sausen. Als
das Elia hörte, verhüllte er sein Antlitz mit seinem
Mantel und ging hinaus und trat in den Eingang
der Höhle.   1. Könige 19, 11–13

Öffnung für das ganz Andere

In der Gottesbegegnung kommt der Weg Elias an sein
Ziel. Wie bei Mose geschieht dieses Wunder auf einem
Berg (2. Mose 19, 16–24; 24, 15–18). In dem Augenblick, da Gott vorüberzieht, muß Elia wie Mose
(2. Mose 33, 22) noch einmal in die schützende Höhle,
die im Berge liegt, zurücktreten und sein Gesicht in seinem Mantel verhüllen.
Der Berg ist in der Religionsgeschichte der herausra-
gende Ort der Gottesbegegnung und Gotteserfahrung.
Der Berg, der dem Himmel nahe ist, ist der Punkt, an
dem der Übergang zur Transzendenz greifbar und erleb-
bar ist. So wurden Berge wie der Olymp als Götterwoh-

nungen gesehen; vielfach wurden auf solchen heiligen Bergen Heiligtümer eingerichtet. Auf dem Zion, dem Berg in Jerusalem, wurde der Tempel der Juden errichtet.

Auch im Neuen Testament ist der Berg der herausgehobene Ort, auf dem wichtige Ereignisse des Wirkens Jesu geschahen: die Versuchung Jesu (Matthäus 4, 1–11), das Gebet Jesu mit seinem Vater (Matthäus 14, 23 u. ö.), die Verkündigung der Bergpredigt (Matthäus 5 f.), die Verklärung Jesu (Matthäus 17, 1 ff.), die Kreuzigung Jesu auf Golgatha (Matthäus 27, 31–56), die Verkündigung des Taufbefehls (Matthäus 28, 16 ff.) und schließlich die Himmelfahrt Jesu (Apostelgeschichte 2, 9–12). Jesus wird damit als Mittler zwischen Gott und Mensch verstanden, denn der Berg ist der Vermittlungsort zwischen Himmel und Erde.

Berge ermöglichen von daher als eine Art großer Himmelsleiter (vgl. 1. Mose 28, 10–22; vgl. auch den stufenförmigen Aufbau mesopotamischer Tempeltürme und der frühen Pyramiden) den Aufstieg des Menschen aus dem profanen Alltag hinein in die Ebene des Heiligen. Der Berg als hervorgehobener Ort nimmt den Menschen aus seinen gewohnten Bezügen und seiner durch die Normalität des Alltags verfestigten Lebensumwelt heraus. Während des Aufstiegs wird der Mensch gleichsam dieser Normalität entrückt.

Noch während des Aufsteigens wandelt sich der Mensch: Er wendet seinen Blick und damit seine innere Ausrichtung nach oben, also auf das ganz andere hin. Der Mensch »stellt seine Antennen auf Empfang« für eine Erfahrung des Göttlichen. Das Alltägliche dagegen legt er mit dem Aufstieg ab. Elias Weg durch die Wüste, sein Schlaf, seine Wanderung, sein Aufenthalt in der

Höhle sind nichts anderes als verschiedene Stufen einer Wallfahrt zu dem Gottesberg. Auf dieser Reise geschieht die Wandlung des Elia durch die Krise; im Aufstieg öffnet er sich für die Gottesbegegnung auf dem Berg.

Genau in diesem Sinne kann jede durch eine Krise bewirkte Wandlung für eine neue Gottesbegegnung öffnen, weil in der Krise harte Schalen, feste Vorurteile, feste Sichtweisen und verfestigte Weltbilder zum Einstürzen gebracht werden. Ist während der akuten Krise beim Betroffenen die Blickrichtung wesentlich ins Innere – symbolisch ausgedrückt durch den Abstieg in die Höhle – ausgerichtet, so wird mit dem Aufstieg auf den Berg eine neue Richtung angezeigt. Das Emporsteigen und Aufblicken versinnbildlicht, daß der Mensch nun in einer neuen Weise sensibel für die Wahrnehmung Gottes ist.

Voraussetzung für eine neue Gotteserfahrung aber ist, daß in der Krise auch alte Gottesbilder zerbrochen sind.

Das Zerbrechen alter Gottesbilder

In der religiösen Umwelt Israels gab es überlieferte, traditionelle Vorstellungen, wie Gott dem Menschen erscheint. Vorwiegend in den Naturereignissen des Donners, des Blitzes, des Sturmes, des Feuers usw. erkannten sie das Kommen ihrer Götter.

Auch die Israeliten haben diese uralten Vorstellungen übernommen und auf Jahwe übertragen. So erscheint Jahwe im Sturm (Sacharja 9, 14), auf den Wolken (Psalm 18, 11; 68, 5. 34), im Donner (Psalm 18, 1; Jer

10, 13), im Rauch und im Feuer (z. B. 2. Mose 19, 18f.; 24, 17; 5. Mose 4, 11–12 u. ö.).

Mit diesen Erscheinungsweisen war auch Elia vertraut, wie unser obiger Textausschnitt zeigt: Reißender Wind, zerstörendes Erdbeben und vernichtendes Feuer – so erwartet Elia in seiner Krise den allmächtigen Gott. Elia hatte sich im Kampf gegen den Wettergott Baal (1. Könige 18) für diesen starken, mächtigen Jahwe verkämpft. Dabei aber hatte er sich auf genau dieselbe Ebene der von ihm bekämpften fremden Gottesvorstellungen eingelassen. Auf diese Weise jedoch macht Elia Gott unversehens dem Baal gleich, wenn er sagt: »Welcher Gott (das heißt: Baal oder Jahwe) nun mit Feuer antworten wird, der ist wahrhaftig Gott« (1. Könige 18, 24).

Mit beschwörendem Gebet, mit rituellem Opfer und magischen Ritualen am Altar versucht Elia, Jahwe zum Eingreifen zu bewegen. Und tatsächlich: Jahwe erweist seine Macht, indem er Feuer schickt (1. Könige 18, 38). Elia vertraut also diesen traditionellen Gottesvorstellungen, mehr noch: Er kämpft mit brutaler Gewalt für dieses Gottesbild. Sein Sieg über die Baalspropheten (1. Könige 18, 40) scheint ihm recht zu geben – aber der Sieg führt ihn direkt in die Krise, auch weil er sich für sein patriarchalisches und magisches Gottesverständnis verkämpft.

Doch nicht nur Elia, sondern gerade der Mensch in der Krise klammert sich in extremer Weise an alte Gottesvorstellungen. Gerade in Lebenskrisen tauchen längst vergessene oder überwunden geglaubte Gottesbilder wieder auf, weil jede Krise den Betroffenen im Erleben in frühe Kindheitsphasen zurückwirft. Sie weckt dabei nicht nur alte Kindheitserfahrungen und -gefühle, sondern auch die entsprechenden Gottesbilder der Kindheit.

Das ist der Grund dafür, daß in Krisen auch bei scheinbar unreligiösen Menschen plötzlich wieder die Frage nach Gott laut wird. Dabei wird Gott fast immer in der Vorstellungswelt der eigenen Kindheit erlebt. Eine Klientin drückt das so aus: »Jetzt, wo ich meine ganze Ohnmacht erlebe, sehne ich mich nach dem allmächtigen Gott meiner Kindheit. Wenn ich doch wieder so an ihn glauben könnte wie damals!«

Die in Krisen wieder wach werdenden alten Gottesbilder lassen sich wie folgt beschreiben:

Immer wieder herrscht ein magisches Gottesbild vor: Der Betroffene glaubt, daß er durch sein Verhalten das Eingreifen Gottes in der Krise bewirken könne.

So sagt eine Klientin: »Ich würde alles tun, wenn Gott mir nur meinen Mann wieder zurückgeben würde.« Eine andere Klientin sagt nach Tod ihres Sohnes: »Lieber würde ich selber sterben, wenn nur Gott meinem Sohn das Leben wieder geben würde.« Hier soll durch das eigene Tun, meist durch das eigene Opfer, Gott bewogen werden, die Krise zu beenden. Gott soll magisch dazu »gezwungen« werden, direkt in den Geschehensablauf einzugreifen.

Dahinter steht das sogenannte egozentrische Weltbild des Kindes, in dem alles Geschehen auf das eigene Ich bezogen wird und demzufolge das Kind glaubt, durch sein Handeln alles bewirken zu können. So erlebt das Kind, daß sein Schreien oder Weinen fast immer das Eingreifen der Eltern bewirkt. Geschieht das nicht, erfährt sich das Kind als verlassen, was für ein Kind wiederum zutiefst bedrohlich ist. Die magische Fähigkeit, die Eltern herbeizurufen, ist die Möglichkeit des Kindes, sich vor dem Verlassensein und den dazugehörigen Verlassenheitsängsten zu bewahren. Insofern hat das magische Gottesbild eine sehr weit zurückreichende, auch biologische Wurzel: Wenn das Kind Gott wie die Eltern jederzeit herbeirufen kann, ist es in dieser ständig bedrohlichen Welt nicht allein.

In der Lebenskrise aber hat uns ein Schmerz getroffen oder sind wir von Verlassenheit bedroht – was liegt näher als eine Elternfigur magisch herbeizuwünschen? Doch Krise heißt auch, daß unserem magischen Bemühen kein Erfolg beschieden ist und daß uns trotz unserer Hoffnung nicht nach unseren Vorstellungen geholfen wird. Daher stellt jede Lebenskrise dieses magische Gottesbild zutiefst in Frage.

Die Erfahrung, die Eltern herbeirufen zu können, korrespondiert zugleich mit der Vorstellung von den allmächtigen Eltern, die durch ihr Eingreifen den Schmerz, den Hunger oder das Unwohlsein des Kindes beseitigen können.

Es verwundert darum nicht, daß in Krisen sehr häufig das Bild vom allmächtigen Gott, der alles vermag, auftaucht. Hier ist Gott ein Wundergott, dem alles möglich ist. Aus der eigenen Ohnmachtserfahrung heraus wird alle Macht, alle Stärke, alle Gewalt Gott zugeschrieben. Dahinter steht die kindliche Sehnsucht nach Sicherheit und Geborgenheit.

Doch wie das Kind in seiner Entwicklung erfahren muß, daß die Eltern nicht allmächtig sind, so zeigt sich gerade in der Krise, daß der allmächtige Gott nicht in der erhofften Weise eingreift: Das Kind bleibt tot, der Krebs streut weiter Metastasen, die eigene Leistungsfähigkeit nimmt nach der Lebensmitte unabwendbar weiter ab.

Ebenso wie das Kind in seiner psychischen Entwicklung erkennen muß, daß es Menschen gibt, die mächtiger, stärker, intelligenter, reicher sind als die eigenen Eltern, so muß der Mensch in der Krise erfahren, daß beispielsweise die Krankheit oder der Tod stärker ist als der in der Kindheit geglaubte allmächtige Gott. Die Vorstellung von der unumschränkten und eingreifenden Allmacht Gottes zerbricht in der Lebenskrise an den Umständen der Krise selbst. Der Betroffene muß schmerzlich erleben, daß Gott nicht in der gewünschten und erhofften Weise eingreift.

Wir müssen in der Krise erkennen, daß Gott nicht immer der sein will, zu dem wir ihn aus unseren Wünschen und Hoffnungen heraus machen. Die Krise stellt uns vor die Aufgabe, mit der Erfahrung und unserer Enttäuschung umzugehen, daß Gott uns zunächst verborgen bleibt. Das Aushalten der eigenen Ohnmacht und der gleichzeitigen Verborgenheit Gottes ist zwar sehr schwer, macht uns aber frei für eine ganz andere Gotteserfahrung.

Ein weiteres wichtiges Gottesbild in Lebenskrisen ist das Bild vom gerechten und guten Gott. In der Krise bricht dann die sogenannte Theodizeefrage – die Frage nach der Gerechtigkeit Gottes – als ganz persönliche Frage auf: »Wie kann Gott das gerade mir zumuten? Was habe ich getan, daß ich so etwas verdient habe?«

Für Kinder ist die Erfahrung einer gerechten Behandlung durch Erwachsene eine wesentliche Grundlage ihres Weltbildes, die auch auf das Gottesbild übertragen wird. Ungerechtigkeit halten Kinder deshalb nur sehr schwer aus, weil sie diese ganz persönlich und existentiell erleben: Benachteiligtwerden heißt für sie, als ganze Person abgewiesen zu werden und ungeliebt zu sein. Ungerechtigkeit trifft beim Kind ganz zentral dessen Existenzberechtigung und Wertgefühl. Deshalb versuchen Kinder, die Vorstellung von einer gerechten Welt und einem gerechten Gott so lange wie möglich aufrechtzuerhalten. Kinder legen großen Wert darauf, daß sie von den Eltern und anderen Autoritäten nicht benachteiligt, sondern gerecht behandelt werden. Erst in der Pubertät gerät diese Vorstellung ins Wanken. Die Krise der Pubertät ist auch die Krise dieses Gerechtigkeitsgefühls und der damit verknüpften Gottesvorstellungen.

Spätere Lebenskrisen aktivieren häufig diese Sehnsucht aus der Kindheit, gerecht, das heißt, wie die anderen behandelt zu werden. Da in Krisen geratene Menschen nur das eigene Leid, nicht aber die Probleme der anderen sehen können, erleben sie sich immer als vom Schicksal oder von Gott ungerecht behandelt. Manche sind sich sicher, daß sie sich entsprechend den eigenen Wertmaßstäben nichts haben zuschulden kommen lassen. Von daher hoffen sie, daß Gott doch noch Gerechtigkeit walten lassen und vielleicht jetzt oder später das ihnen zugefügte Unglück wiedergutmachen wird. Viele Klienten beschreiben, wie sie bei Gott die Gerechtigkeit einfordern und einklagen. Eine Klientin sagte von sich: »Ich hätte diesen Gott am liebsten gepackt und ihm endlich mal gesagt: Warum immer ich, warum nicht die anderen?«

Auch Jeremia kämpft vor Gott um sein Recht; enttäuscht und verbittert klagt er Gott wegen dessen Ungerechtigkeit an (Jeremia 12, 1 ff. u. ö.). Wir dürfen Gott in der Krise anklagen, wir dürfen wie Jeremia mit ihm streiten und ihm unsere ganze Wut entgegenschleudern. Wir müssen aber auch damit umgehen, daß sich

Gott nicht unseren Gerechtigkeitsidealen gemäß verhalten wird. Wir müssen in der Krise Abschied nehmen von unseren eigenen Bildern, wie Gott uns hätte gerecht behandeln müssen. Gott läßt sich in seiner Freiheit nicht durch uns einschränken; seine Wege sind nicht unsere Wege.

Für viele Betroffene impliziert das uralte Bild vom gerechten und daher auch strafenden Gott die Vorstellung, daß die Krise eine Strafe für eine zurückliegende Schuld sei. So erlebte eine Klientin ihre schwere Lebenskrise als eine Strafe für eine lange zurückliegende Abtreibung.

In der Krise brechen dann oft alte, meist verdrängte Schuldgefühle wieder auf. Hier begegnen wir einer alten, auch in der Kindheit gelernten magischen Vorstellung, nach der jede Schuld eine Strafe Gottes oder des Schicksals nach sich zieht. Wohl kann Schuld in verhängnisvollen Entwicklungen enden, aber daß sie sozusagen automatisch den strafenden Gott herbeiruft, entspricht nicht dem neutestamentlichen Verständnis von Gottes liebender und verzeihender Zuwendung zum Menschen.

Für die oben genannte Klientin war es wichtig, noch einmal ihre Verantwortung und ihre Schuld für die Abtreibung genau anzuschauen und sich zu ihr zu bekennen. Es wurde ihr dabei klar, daß die gegenwärtige Krise keinen direkten Zusammenhang zu dem lange zurückliegenden Ereignis hatte.

Zusammenfassend läßt sich sagen, daß in fast jeder tiefen Lebenskrise je nach lebensgeschichtlicher Entwicklung des einzelnen unterschiedliche Aspekte des tief verwurzelten Bildes vom magisch beeinflußbaren, allmächtigen und gerechten Wundergott aktiviert werden. Jede

Krise aber, auf die sich ein Betroffener wirklich einläßt, bewirkt mindestens ein Infragestellen, meist jedoch ein Zerbrechen dieser Gottesbilder. Genau dies aber ist die Chance jeder Krise: Das Zerbrechen der alten fixierten Gottesvorstellungen macht uns dazu fähig und bereit, Gott in einer tieferen, entwicklungspsychologisch gesehen reiferen Weise zu begegnen und zu verstehen. Zunächst aber ist unser Schmerz groß darüber, daß die vertrauten Gottesbilder nicht mehr tragen – gerade in der Krise, in der wir Gottes Hilfe so sehnlichst erhoffen.

Menschen, die Lebenskrisen überwunden haben, schildern immer wieder übereinstimmend, daß sie in der Krise Gott nicht wahrgenommen haben, eben weil sie ihn in einer bestimmten, in der Kindheit vorgeprägten Weise erwartet haben. Diese Gottesverlassenheit gehört zur Krise und macht sie dann auch zu einer Glaubenskrise.

Auch hier geht es darum, dies wahrzunehmen und auszuhalten. Wir dürfen unsere Enttäuschung, unseren Schmerz, aber auch unsere Wut und unseren Zorn darüber, daß Gott in der Krise verborgen bleibt, zulassen und in Gesprächen oder im Gebet auch aussprechen. Wir nehmen uns und Gott ganz ernst, wenn wir diese Gefühle nicht verdrängen, sondern nach außen bringen. Nur so blockieren sie uns nicht, sondern helfen uns, offen zu werden für eine neue Gotteserfahrung gerade durch die Krise.

Gott als der ganz andere

Auch Elia muß erkennen, daß Gott ihm nicht in den altvertrauten Erscheinungsweisen begegnen will. Auch für Elia zerbrechen damit alte Gottesbilder, für die er noch vor kurzem mit seiner ganzen Seele gekämpft hatte.

So erscheint Gott dem Elia in einer für ihn völlig neuen Weise, die auch für das ganze Alte Testament einzigartig ist. Dementsprechend ist das Verständnis und die Interpretation dieser Stelle (1. Könige 19, 12) äußerst schwierig. Das zeigen schon die verschiedenen Übersetzungen: Gott erscheint bei Luther in einem »stillen, sanften Sausen«, bei M. Buber in einer »Stimme verschwebenden Schweigens«, bei anderen Übersetzern im »Wehen der (Wind-)Stille« oder in einem »leisen, sanften Säuseln«. Der hebräische Begriff »damamah« steht jedenfalls im betonten Kontrast zu lautem Lärm und bezeichnet ein Phänomen, das im Bereich des Atmosphärischen und der kaum noch wahrnehmbaren Empfindung liegt.

Die wortwörtliche Übersetzung macht den paradoxen Charakter dieses Ereignisses, in dem Gott erscheint, deutlich: »Stimme einer leisen Stille«. Die unhörbare Stille wird für Elia so laut, daß sie hörbar, jedenfalls wahrnehmbar wird.

Diese »Stimme der Stille« ist zudem in ausdrücklichsten Gegensatz zu den lauten Erscheinungsphänomenen Gottes wie Sturm, Erdbeben und Feuer gesetzt. Gott ist damit der ganz andere, der nicht in die von Elia erwarteten Kategorien paßt. Gott zeigt sich in der Krise des Elia nicht in seiner Allmacht und Stärke. Er erweist sich nicht als ein gewaltiger Gott, der die Krise des Propheten rückgängig macht und damit dem Kampf Elias recht geben würde.

Genau das schildern Menschen in Krisen immer wieder: Gott erscheint ihnen nicht wie erwartet. Häufig erkennen sie Gottes Wirken in der Krise erst im Rückblick, erst nach dem Auftauchen aus dem Gefühlschaos. Erst in der Rückschau vom Berge aus wird Gottes leises und sanftes Dasein wahrgenommen. Gott greift in der Krise nicht als der allmächtige Wundergott ein, vielmehr ist er in seinem stillen, leisen Dasein in der Krise gegenwärtig. Dies ist für uns allerdings im Gefühlschaos einer Lebenskrise kaum wahrnehmbar, zu sehr ist unser Blick, unser Streben und Wollen von der akuten Krise gefangen.

Aber auch der eifernde und kämpfende Elia kann diesen leisen, sanften Gott ebensowenig wie der heutige, nach außen orientierte Mensch wahrnehmen. Diese Wahrnehmungsfähigkeit und Sensibilität wird dem Elia und dem Menschen heute erst in einer Lebenskrise geschenkt. Dann kann er einem ganz anderen als dem gewaltigen und zerstörenden Gott begegnen, nämlich dem stillen, leisen, sanften Gott, der nur als leise Stille, als leiser Atem, als lebendiger Hauch zu erahnen ist.

Diese Assoziation erinnert daran, daß Gott in der Schöpfung die Welt und den Menschen mit seinem Lebenshauch, seinem »Odem« belebt (bes. Psalm 104, 29–30). Gott erscheint hier als das sanfte Prinzip des Lebens und nachdrücklich nicht als Zerstörer.

Das macht noch einmal darauf aufmerksam, daß am Ende einer Krise eine neue, noch leise und schwache Lebendigkeit steht. Die entsprechende Reaktion des Menschen ist das Innehalten, das empfindsame Gewahrwerden und das Staunen. Auch das sind neue Fähigkeiten, von denen Menschen am Ende einer Krise berichten. Sie werden achtsamer für die stillen und leisen Töne des Lebens, sie können Gott zwischen den Zeilen, im Kleinen und Feinen wahrnehmen.

Die Assoziation der Windstille mit dem Geist Gottes, im Hebräischen »ruach«, verweist auf einen weiteren Aspekt. »Ruach« ist im Hebräischen weiblich und bezeichnet damit eine Seite Gottes, die in der patriarchalischen Einseitigkeit Israels meist vergessen und verdrängt wird. Diese zarte Weise der Gotteserscheinung steht hier im dezidierten Gegensatz zu der an vielen anderen Stellen des Alten Testaments beschriebenen männlichen und zerstörenden Gegenwart Gottes, vielmehr erscheint hier Gott in seinem weiblichen Aspekt mit Weichheit und Sanftheit.

Dabei sei ausdrücklich betont, daß Gott weder weiblich noch männlich oder gar ein Zwitterwesen ist. Dies wird auch in unserer Erzählung ausgedrückt: Gott ist nicht das »verschwebende Schweigen«, vielmehr ist er in diesem Schweigen als ein Geheimnnis verborgen. Gott als das Geheimnis der Welt ist daher weder männlich noch weiblich, sondern er umfaßt, birgt und transzendiert zugleich die Gegensätze von Männlich und Weiblich.

Das Angerührtwerden von diesem Geheimnis ist das, was Menschen zu allen Zeiten als Erfahrung des Heiligen, des Numinosen erlebt und benannt haben. Meister Eckhart, der deutsche Mystiker, beschreibt diese Erfahrung mit folgendem Wort: »Nichts im Universum gleicht so sehr Gott wie das Schweigen.«

Auch Elia erlebt dieses Ergriffensein von dem Unbedingten: Wie zum Schutz vor diesem ungeheuren Ereignis verhüllt er sein Angesicht mit seinem Mantel. Die Stille, in der Gott ihm begegnet, erfaßt ihn ganz und gar. Für einen Augenblick ist der Mensch in der verschwebenden Stille Gottes ganz und gar aufgehoben, geborgen und umfaßt. Die göttliche Stille ist die

Erfahrung und das Symbol des Einswerdens des Menschen mit sich selbst, mit der Welt und mit Gott. In diesem Moment ist der Mensch im Einklang mit sich, mit dem Universum und mit Gott. Die Mystiker haben später diese Erfahrung als »unio mystica« beschrieben.

Daß Gott ganz nahe ist, auch wenn er in der Krise verborgen zu sein scheint, ist oft nur in einem Moment erfahrbar. Doch das Wissen, daß Gott uns durchgetragen hat, die Ahnung, daß Gott in der tiefsten Tiefe nahe war, hinterläßt in uns eine tiefe Spur. Zu wissen, daß Gottes große Hand uns hält, kann uns eine fest gegründete Gewißheit und Gelassenheit schenken.

Nach einer schweren Krisenzeit drückte eine Klientin dies in einer gänzlich unreligiösen Sprache so aus: »Wissen Sie, ich habe das Allerschwerste durchgemacht und ich habe das Wunder erlebt, daß ich da getragen wurde. Es gibt etwas anderes als ich, etwas Größeres – das weiß ich jetzt.«

Der in einer Lebenskrise zur Sensibilität aufgebrochene Mensch kann das Geheimnis Gottes als ein Schwingen der Atmosphäre wahrnehmen, weil er innerlich von allen Bildern und Vorstellungen leer ist. Die Leere der Wüste ist das Bild dafür, daß wir alle Bildnisse von Gott hinter uns gelassen haben. Erst die Krise macht uns fähig, das Gebot »Du sollst dir kein Bildnis noch irgendein Gleichnis machen...« (2. Mose 20, 4) wirklich ernstzunehmen und zu leben.

Wir können also zusammenfassend sagen: Krisenerfahrungen machen zur besonderen Gotteserfahrung bereit. Insofern haben alle Lebenskrisen einen religiösen Aspekt, weil sie uns aufbrechen lassen hin zum ganz anderen.

Des weiteren muß gesagt werden: Glaube schützt nicht vor Lebenskrisen oder macht Krisen erträglicher. Oft geschieht das Gegenteil: Weil in Lebenskrisen auch ihr Glaube in eine Krise gerät, erleben gläubige Menschen ihre Krise oft tiefergehend und erschütternder als andere.

Glaube schützt nicht vor Lebenskrisen, aber der Glaube kann verändert und vertieft werden: Er hält sich dann nicht mehr an starre Gottesbilder, sondern ist offen für neue Gotteserfahrungen, wo und wann der Geist wehen wird. Genau das ist die Chance und Verheißung jeder tiefen Lebenskrise.

Gottes liebende Zuwendung

Welche Ängste, welche Befürchtungen muß es in Elia in Erwartung einer Gottesbegegnung gegeben haben: »Was hat Gott mit mir vor? Wird er mir Vorwürfe machen? Wird er mich strafen, ja in Feuer und Sturm vernichten?« Gemessen an seinem Gottesbild, hatte Elia tatsächlich Anlaß genug, so etwas zu erwarten. Doch nicht mit Vorwurf, nicht mit Strafe, nicht mit Rache zieht Gott den Propheten für sein Versagen zur Rechenschaft. Nicht, wie es Elia vermutlich erwartet hatte, als strafender Richter kommt Gott zu ihm, sondern allein in einer sanften Gegenwart. Gottes Tun besteht nun einzig darin, daß er dem geschlagenen, gescheiterten Propheten nahe ist. Allein Gottes sanfte Gegenwart ist Heilung genug. In der alles umhüllenden, bergenden Stille ist Elia mit seinem Scheitern, mit seinem Versagen, mit seinen hellen und dunklen Seiten angenommen. Gott hält zu Elia auch im Scheitern, auch im Fehlerhaften,

auch in der Schuld. Gott läßt Elia nicht fallen, sondern hält ihn bergend und schützend im Mantel der Stille. Wir erfahren gerade in der Krise unsere Zerbrechlichkeit, unsere Begrenztheit, unser Fallen – aber wir erfahren auch gerade in und durch die Krise, daß wir darin von Gott still und leise gehalten und getragen sind. Rilke schreibt in seinem Gedicht »Herbst«:
»Wir alle fallen. Diese Hand da fällt.
Und sieh dir andre an: es ist in allen.
Und doch ist Einer, welcher dieses Fallen
unendlich sanft in seinen Händen hält.«

Die Stadt – Rückkehr in den Alltag

Und siehe, da kam eine Stimme zu ihm und sprach: Was hast du hier zu tun, Elia? Er sprach: Ich habe für den Herrn, den Gott Zebaoth, geeifert; denn Israel hat deinen Bund verlassen, deine Altäre zerbrochen, deine Propheten mit dem Schwert getötet, und ich bin allein übriggeblieben, und sie trachten danach, daß sie mir das Leben nehmen.

Aber der Herr sprach zu ihm: Geh wieder deines Weges durch die Wüste nach Damaskus und geh hinein und salbe Hasael zum König über Aram und Jehu, den Sohn Nimschis, zum König über Israel und Elisa, den Sohn Schafats, von Abel-Mehola zum Propheten an deiner Statt. Und es soll geschehen: Wer dem Schwert Hasaels entrinnt, den soll Jehu töten, und wer dem Schwert Jehus entrinnt, den soll Elisa töten. Und ich will übriglassen siebentausend in Israel, alle Knie, die sich nicht gebeugt haben vor Baal, und jeden Mund, der ihn nicht geküßt hat. 1. Könige 19, 13–18

Elias Weg durch die Krise endet in der Stadt Damaskus, einer Metropole der damaligen Alten Welt. Dort hat er noch einen letzten Auftrag zu erfüllen, dann kann er sein Amt als Prophet abgeben.

Die Stadt ist der zentrale Ort, in dem Austausch und Kommunikation in allen Bereichen geschehen: Geschäfte, Politik, Religion, Kultur und vieles mehr werden dort von Menschen betrieben. Ein größerer Gegensatz zu den anderen Orten der Reise Elias wie Wüste, Höhle oder Berg, den Orten der Einsamkeit und der Isolation, läßt sich nicht denken. An den Ort allgemeiner Betriebsamkeit, eben in die Stadt kommt Elia nun – den Ort, an dem »Business as usual« geschieht, an dem die Alltagsrealität die Menschen beherrscht.

Rückkehr aus der Ferne

Was mag Elia bei dieser Rückkehr gedacht und gefühlt haben? Menschen nach Krisen beschreiben immer wieder, wie fremd ihnen nach Überwindung der eigenen Krise die bisher so vertraute Umwelt erscheint. Eine Frau sagt hierzu nach zwei Jahren intensiver Trauerarbeit: »Es kommt mir vor, als wäre ich auf einer langen Reise gewesen. Alles hat sich verändert: Ich und die anderen.«

Das Erleben der Fremdheit ist ein zentrales Gefühl nach dem Auftauchen aus der Krise, so als wäre der Betreffende auf einer unendlich langen Reise in einer völlig anderen Welt gewesen. Die Krise hat die Betroffenen meist sehr weit aus der alltäglichen Routine entfernt. Dies ist, wie wir immer wieder gesehen haben, durchaus nötig, weil die Krise in das Innere der eigenen Seele führt.

Die Grenzerfahrungen in der Krise haben aber auch die Banalitäten des Alltags fraglich gemacht. Angesichts der Frage nach dem Überleben in der Wüste einer Krise

erscheinen die alltäglichen kleinen Probleme als oberflächlich und belanglos.

Nun aber gilt es in einem ersten Schritt, sich den All-
tagsrealitäten wieder zu stellen, denn sie sind auch nach
einer Krise noch eine wichtige Grundlage des Lebens,
auch wenn sie dem Betroffenen fremd und lästig geworden sind.

In vielen sehr schweren Krisen kann die Alltagsroutine wie Abspülen, Einkaufen, Kochen oder Putzen
auch helfen, allmählich aus der Tiefe der Krise wieder
aufzusteigen. Diese konkreten Tätigkeiten bringen
den Betroffenen wieder in Kontakt mit der Alltags-
wirklichkeit und zeigen ihm, daß nach der Reise in
das Innere auch wieder die Rückreise in das Alltagsleben ansteht.

Zugleich gilt es im Kontakt mit den Menschen und in
der Auseinandersetzung mit den Alltagsaufgaben die
wieder gewonnene innere Stabilität zu erproben. Die
während der Krise unerledigten Alltagsgeschäfte wie
Überweisungen, Steuererklärung, Gespräche mit Ver-
mietern oder Vorgesetzten, Autoreparaturen etc. müssen wieder in Angriff genommen werden. So stellt sich
allmählich eine Strukturierung des Alltags ein, die hilft,
sich im Leben wieder zurechtzufinden.

Das neue Selbstverständnis, die gewandelte Einstellung
zum Leben müssen sich im Alltag bewähren. Die neuen
Lebensmethoden müssen ganz konkret eingeübt werden. Der Lehrer, der nach einer Überforderungskrise
seinen Selbstwert nicht mehr über eigenes Perfekt-Sein
und über Leistung beweisen will, muß lernen, nein zu
sagen. Er muß Angebote, bei denen er wieder durch
Leistung glänzen könnte, absagen und sich immer wieder bewußtmachen, daß er die Wertschätzung seiner

selbst nicht von seinen für andere erbrachten Leistungen abhängig machen darf.

Die 50jährige Frau, die zwei Jahre um ihren Mann trauert, muß Stück für Stück neue Interessen aufbauen, ohne dabei wieder voller Trauer zu denken: »Ach, wäre doch jetzt mein Mann dabei.« Sie muß lernen, wirklich allein zu leben, Entscheidungen für sich zu treffen und Verantwortung für sich zu übernehmen.

Wir müssen wissen, daß wir in unseren ersten Schritten nach dem Auftauchen aus der Krise noch unsicher und vorsichtig sein dürfen. Wir können nur Schritt für Schritt ausprobieren, was die in der Krise neu geformte Lebenseinstellung konkret im Alltag bedeutet. Fehler in dieser Erprobungsphase, Rückschritte beim vorsichtigen Vorwärtstasten – all dies dürfen und müssen wir uns zugestehen.

Es kann geradezu sinnvoll sein, daß wir uns nicht zu schnell und eilig in den Alltag stürzen. Hier bestünde die Gefahr, daß wir die Krisenerfahrungen und die dabei erlebten Veränderungen wieder vergessen. Die Alltagsroutine hat eine starke Sogwirkung hin zu den gewohnten Lebensmustern vor der Krise. Würden wir uns wieder zu sehr von den Alltagsgeschäften bestimmen lassen, würden wir die wertvollen Erfahrungen der Krise preisgeben und verlieren.

Deshalb gilt es, daß wir die Erinnerung an die Lebenskrise und die damit verknüpfte neue Lebenserfahrung gerade auch im Alltag sorgfältig als einen wichtigen Schatz bewahren.

Die Rückkehr in die Stadt symbolisiert das Zurückkehren des Betroffenen in sein bisheriges Beziehungsgefüge. Beim Auftauchen aus der Krise treten auch wieder Angehörige, Freunde und Bekannte stärker in das Blickfeld.

Doch eine Krise verändert auch das bisherige Beziehungsnetz eines Menschen.

Zu Beginn einer Krise stellt sich bei den Angehörigen und Freunden des Betroffenen zunächst Mitgefühl und Mitleid ein. So erfährt der Betroffene eine Zeitlang Zuwendung und Aufmerksamkeit. Mit zunehmender Dauer der Krise weicht dies jedoch dem Gefühl der Rat- und Hilflosigkeit bei den Angehörigen. Sie versuchen damit so zurechtzukommen, daß sie den Betroffenen ungeduldig drängen, wieder zur Normalität überzugehen. Gut gemeinte Ratschläge oder die Aufforderung, sich zusammenzureißen, kann der Betroffene in seiner Situation aber nicht annehmen.

Aus der Enttäuschung über die abgelehnten Hilfsangebote ziehen sich die Angehörigen und Freunde zurück.

Während nun der Betroffene seine Krise meist weitgehend allein durchlebt, geht das Alltagsleben der Angehörigen und Freunde ganz normal weiter. In deren Alltagsleben scheinen sie dabei den in die Krise geratenen Menschen zu vergessen. Der Betroffene erlebt dies als persönliche Kränkung, was nun seinerseits zu einem weiteren Rückzug führt. Unverständnis auf beiden Seiten ist das Ergebnis dieser Entwicklung.

Kehrt der Betroffene nach dem Durchleben der Krise in seine soziale Umwelt zurück, sind die meisten Angehörigen und Freunde zunächst sehr erleichtert, weil sie sich in ihrer Abwendung vom Betroffenen schuldig fühlten. Doch bald müssen sie erkennen, daß der Betroffene durch die Krise verändert wurde. Verwundert müssen sie wahrhaben, daß er ein anderer geworden ist; oft schwingt dabei in der Verwunderung durchaus auch ein Stück von Bewunderung mit. Schwierig wird es dann, wenn der Betroffene sich nicht mehr in die alte Rolle und das gewohnte Bild, das die anderen von ihm haben, einfügt. Dies aber ist häufig der Fall, weil der Betroffene durch das Erleben der Krise andere Werte, andere Interessen und eine andere Sicht des Lebens zu entwickeln beginnt. Er muß die Hoffnung der anderen, daß er wieder der Alte sein werde, enttäuschen. Er erfüllt eben nicht mehr fraglos das, was die anderen von ihm erwarten.

Betroffener und Freunde müssen dann oft schmerzlich erkennen, daß die alte Beziehungsgrundlage nicht mehr stimmt. Das, was früher die Beziehung getragen hat, gibt es nun nicht mehr. Mehr oder weniger schnell verlieren sich dann die Beziehungen von früher oder werden abrupt abgebrochen. Auch Ehepartner können sich durch die Krise eines Partners so weit voneinander entfernen, daß ihnen eine Trennung unausweichlich erscheint.

Eine 25jährige Frau verabschiedete sich nach einer Reifungskrise auch von ihren Freunden aus einer sehr konservativen religiösen Gruppe. Diese Freunde sahen in den Entwicklungsschritten, die auch einen freieren Umgang mit der Sexualität betrafen, einen Weg in die Sünde. Für die Frau war dieser Abschied zunächst noch mit Schuldgefühlen der Gruppe gegenüber, aber auch mit dem zunehmenden Gefühl einer großen Befreiung verbunden.

Der Abschied von bisher wichtigen Beziehungen wird von den Betroffenen häufig nochmals als sehr belastend erlebt. Nicht selten rufen die Trauer und der Schmerz hierüber noch einmal Erfahrungen aus der Krise wach. Wir können also sagen, daß die inneren Lösungsprozesse in einer Krise sehr häufig auch äußere Ablöseprozesse von Freunden oder Angehörigen in ihrem Gefolge haben. Dies ist ein Preis für die in der Krise erfahrene persönliche Reifung, mit dem die meisten Betroffenen, aber auch die Angehörigen nicht gerechnet haben. So stellt sich nach der Rückkehr in die Alltagsrealität für den Betroffenen sehr häufig die Aufgabe, sich ein neues Beziehungsnetz aufzubauen. Die Chance liegt hierbei darin, daß die neuen Beziehungen den eigenen Bedürfnissen und dem eigenen Entwicklungsstand entsprechen. Es können Beziehungen auf einer gleichwertigen Ebene werden, die dem Betroffenen neue Aspekte des Lebens eröffnen.

Eine neue Freiheit

Elia erhält für seine Rückkehr in die Stadt einen letzten Auftrag. Er soll andere in die Ämter des Königs und des Propheten einsetzen. Diese wiederum sollen das Gericht Gottes am abtrünnigen Volk Israel durchführen.
Elia gibt damit sein Amt als ein gegen Baal eifernder Prophet ab. Er gibt sein Amt an einen anderen, an Elisa weiter. Elia selbst kann sich nicht mehr mit dem alten Auftrag identifizieren, zu sehr hat ihn die außerordentliche Begegnung mit dem Gott der Stille verändert.
Wie Elia geben viele Betroffene nach einer Krise ihre bisherige Rolle und ihre bisherigen Funktionen auf. All

das paßt nicht mehr zu ihrer durch die Krise veränderten Person. Psychologisch gesehen geben sie damit auch alte Aufträge und Delegationen zurück, die sie als Kind von ihren Eltern empfangen haben. Solche Delegationen sind Aufträge der Eltern, mit denen das Kind etwas verwirklichen sollte, was den Eltern im eigenen Leben versagt blieb. Solche Aufträge heißen zum Beispiel »Werde du ein erfolgreicher Arzt, damit es dir besser geht als uns« oder »Binde dich nicht wie ich an Mann und Kinder, sondern mache als Frau Karriere.«. Wieder andere Aufträge sollen die seitherige Familientradition aufrechterhalten: »Sei wie der Vater und Großvater ein tadelloser Kaufmann.«

In einer Lebenskrise nehmen viele Betroffene wahr, daß sie im Befolgen der Aufträge aus der Familie nicht eigene Bedürfnisse, sondern die Wünsche und Hoffnungen anderer gelebt haben. Nach dem Durchleben einer Krise geben viele Betroffene dann im konkreten Lebensvollzug diese Aufträge zurück.

So beschließt ein 55jähriger Mann, Chef des von seinen Eltern geerbten Unternehmens, nach seiner Krise in der Lebensmitte endlich den langgehegten Wunsch, aus dem Betrieb auszusteigen, zu verwirklichen. Das Aufgeben von bisherigen Rollen und Funktionen muß äußerlich gesehen nicht immer so dramatisch wie in diesem Beispiel sein. Doch für die vorher genannte 25jährige junge Frau war es von sehr großer innerer Bedeutung, die Rolle des »frommen und braven« Mädchens aufzugeben und sich statt dessen als erwachsene Frau auch mit sexuellen Wünschen zu erleben.

Das Loslassen und Überwinden solcher alten Rollen zeigt nach außen hin, was mit dem Betroffenen in der Krise geschehen ist. Die Hinwendung in die eigene

Tiefe und die Transzendierung der eigenen Grenzen hin zu Gott als dem ganz anderen hat dem Betroffenen eine innere Freiheit geschenkt, aus der heraus er auch auf die schützende, Sicherheit gebende Funktion von Rollen und Klischees verzichten kann.

Die Krise schenkt uns die Freiheit, auch nach außen hin der zu werden, der wir im Inneren durch die Krise schon geworden sind. Das wiederum ist äußeres Zeichen einer fortschreitenden Reifung unserer Persönlichkeit, zu der es gehört, daß wir die Masken und Fassaden nicht mehr brauchen und uns auch nach außen so zeigen können, wie wir sind.

Das aber kann nur jemand, der in einer Lebenskrise erlebt hat, daß er so viel verloren hat, daß ihm nichts mehr wirklich bedrohlich werden kann – und der mit innerer Bestimmtheit weiß, daß er in der Krise so viel an Erfahrung und Reifung gewonnen hat, die ihm niemand mehr rauben kann. Insofern sind Lebenskrisen auch Tore zu einer inneren Freiheit, die zugleich Tore zu einer äußeren Freiheit öffnen. Auch das ist der Sinn von Lebenskrisen!

Am Ende des Weges

Elia ist nun am Ende seines Weges durch die Krise angelangt. Eine weite Reise war es, die wir mit Elia mitgegangen sind. Was war der Gewinn, was war der Sinn
dieser Reise für Elia, für uns?
Wie bei der Reise liegt ihr Sinn im Reisen selbst, in dem
was wir auf der Reise erleben, in dem, was wir wahrnehmen und in uns aufnehmen. Sicherlich sind wir auch
froh, wenn wir gut am Reiseziel angekommen sind,
wenn wir die Fahrt heil überstanden haben und wieder
wohlbehalten zurückgekehrt sind – aber die eigentliche
Veränderung in uns geschieht unterwegs.
Auf der Reise erleben wir bisher unbekannte Landstri-
che, ferne Städte und Orte, fremde Menschen. Auch
auf dem Weg durch die Krise erfahren wie dies – doch
geht die Fahrt nun in unsere Seele, in uns unbekannte
Bereiche unseres Unbewußten, in ungelebte Seiten des
Lebens. Welche noch so weite Reise könnte uns diese
Erfahrung schenken? Auf der Reise durch unsere Krise
er-»fahren« wir das Leben in allen Höhen und Tiefen,
in seinem ganzen Reichtum mit allen Sonnen- und
Schattenseiten. Jede durchlebte Krise ist deshalb eine
Fahrt in das eigene Selbst, also im wörtlichen Sinn eine
Selbster»fahr«ung. Jede Krise ist eine Fahrt in das Leben, also im wörtlichen Sinn eine Lebenser»fahr«ung,
die wertvoller nicht sein könnte, auch oder gerade weil
wir sie in der Krise als Höllenfahrt erleben. Krisen füh-

ren uns an die Grenzen des Lebens; sie sind im wörtlichen Sinn Grenzer»fahr«ung.

Doch unser Fahren, unser Gehen, unser Wandern, unser Laufen ist nur die eine Bewegungsrichtung auf dieser Reise.

Entscheidendes wider»fährt« uns in der Krise, kommt auf uns zu, kommt uns entgegen, begegnet uns.

Elias entscheidende Wider»fahr«nis ist die Begegnung mit dem ihm ganz fremden, unbekannten Gott. Erst die Reise hat seine Wahrnehmung für diese Begegnung sensibilisiert, erst auf der Reise konnte er eine solch ungewöhnliche Begegnung zulassen. Nicht im Tempel, nicht in Schriftrollen, nicht in gelehrten Gesprächen, sondern in der Krise erfährt Elia Gott. Gerade dort, wo Gott am wenigsten zu sein scheint, teilt er sich mit. Gerade dort, wo wir ihn und uns schon aufgegeben, wo wir uns und ihn schon verloren haben, findet er uns. Auch wenn die Krise uns an die Grenzen des Lebens, an die Enden der Welt führt, bleibt Gottes Zusage, bei uns zu bleiben alle Tage bis an der Welt Ende (Matthäus 28, 20) – eben als der stille Begleiter, als der leise Mitreisende, der uns durch die Krise in das Leben hineinführt. Ist nicht diese Erfahrung der wirkliche, der zunächst so verborgene Sinn einer Krise?

Wer von einer weiten Reise kommt, der wird zurückblicken, der wird seine Eindrücke, seine Bilder, seine Erfahrungen ordnen und sammeln. Vielleicht erkennen wir dann auch, wie sich die Bilder unserer Krise zusammenfügen, wie sie zusammenpassen und nun ein Ganzes ergeben. Wir sehen noch einmal, wie alles gekommen ist und so kommen mußte, wie es kam. Vielleicht können wir darin trotz aller Um- und Irrwege auch das Wirken Gottes, seine führende Hand ahnen.

Eines aber bleibt hoffentlich, nämlich das Wissen, daß die Reise durch unsere Krise ein wichtiges Kapitel im Buch unseres Lebens darstellt. Auch wenn wir nun am Ende der Krise ein neues Kapitel, neue Seiten in unserem Leben aufschlagen, eines ist gewiß: in der Krise sind wir andere geworden – ein wenig reifer, ein wenig weiser, ein wenig gelassener.

Nicht, daß wir nun keine Krisen mehr erleben werden, wohl aber, daß wir unsere Krisen wirklich zulassen und durchleben können. Nicht, daß wir Krisen nun einfacher bewältigen könnten, wohl aber, daß wir unsere Krisen als zum Leben gehörig annehmen können.

Vielleicht hat die Fahrt Elias unsere Augen geöffnet für unsere eigenen Krisen, für mögliche Wege aus der Wüste. Nicht, daß uns die Geschichte Elias die Wüste ersparen könnte. Vielleicht aber wird sie uns in der Wüste zu Brot und Wasser, vielleicht hören wir diesen Zuruf »Steh auf und iß. Denn du hast einen langen Weg vor dir!« (1. Könige 19, 7).

Es bleibt am Ende bei diesem »vielleicht« – aber mehr läßt sich für unsere nächste, vor uns liegende Lebenskrise nicht sagen, denn jede Lebenskrise ist eine eigene, nur von uns ganz persönlich, in unserer ganz besonderen Weise erlebte Erfahrung.

Der Autor

Roland Kachler, geboren 1955, Pfarrer und Diplom-Psychologe. 1976–1984 Studium der evangelischen Theologie und der Psychologie, 1984–1986 Vikariat und Ausbildung zum Psychotherapeuten. 1986–1990 Ehe-, Familien- und Lebensberatung und Begleitung psychisch Kranker an der Diakonischen Bezirksstelle in Ludwigsburg. Seit 1990 Leiter der Psychologischen Beratungsstelle für Kinder, Jugendliche und Eltern und für Ehe- und Lebensberatung des Evangelischen Kirchenbezirks Esslingen.